現役先生がすすめる

小学校生活でつまずかない しつけと自立

寝不足では
1日ぼーっと過ごすことに

「2たす3は5」
でも、手には6枚？

学校トイレは
和式がほとんどです

ちゃんと聞けないと
学習が遅れがちに

目白大学大学院心理学研究科教授
谷田貝公昭
[監修]

通学、持ち物、授業、給食、掃除…
しつけのポイントを一挙紹介！

右と左、理解するのはなかなか大変

合同出版

読者のみなさまへ

先に私は『6歳までのしつけと子どもの自立』（合同出版、2002年）を上梓しました。その本では「幼児教育の必要性の課題」のひとつでもある基本的生活習慣に焦点をあて、それを確立させるための指導のあり方を、親や保育者向けにイラストで視覚に訴え、やさしく執筆、解説しました。

ところが、小学校の現場の先生方によると、近年入学してくる子どもたちを見ていると、基本的生活習慣が身についていないのはもちろん、昔の子どもであれば当然できていたものが、あれもこれも身についていない、というのが実態だというのです。

ほとんどの子どもたちが幼稚園や保育所といった、就学前教育施設を通過して就学してくることを考えますと、何とも皮肉なことだといえましょう。

そこで、就学までに子どもにこれだけは身につけておいて欲しいものとは一体何なのか、全国の小学校の先生に聞いてみました。そのなかから、回答頻度が高かったもの60項目についてやさしく解説したものが本書です。お父さんやお母さん、そして幼稚園や保育所の保育者の方々など、子育てに携わっている皆さんに対する、小学校の先生方からのお願いの書でもあります。

本書は、基本的生活習慣の自立の問題を中心に、日常のかんたんな仕事の能力、ことば、集団への参加、自発性、自己コントロールなどに関する諸問題から構成されています。

取り上げている項目は、ご覧いただければお分かりになるように、特別なものではありません。日常生活をしていく上で、極めてあたり前なことだといえます。本書では、小学校入学を控えた現代の子どもたちが本来具えておくべきこれらの社会的常識、あるいは社会的生活能力の現状と、そのために引き起こされるマイナス点を解説し、さらに適切な指導法について分かりやすく記述しました。

執筆者は、埼玉県、東京都、神奈川県の公立小学校において、校長、教諭として、教育現場の第一線で活躍しているベテランの先生方と、短大で保育者の養成に携わっている先生との共同の労作です。

共同執筆による著作が持つ避けがたい欠陥――論旨の統一性や、内容・表現の調整の不徹底――が本書にも散見されますが、すべて編者の責任です。読者の寛容に待ちたいと思います。

子どもたちが小学校生活をしていく上で、本書が少しでも役立ち、ひいてはかれらの健全な育成に寄与するところがあれば、執筆者一同、この上ない幸せとするところです。

最後に、本書の出版企画に対して、当初より全面的に協力推進していただいた、合同出版の上野良治社長と編集部の植村泰介氏に、執筆者全員とともに、その労苦に深甚の謝意を表します。

執筆者を代表して
2004年3月　谷田貝公昭

contents

＊＊＊＊＊＊＊＊＊＊＊＊＊＊＊＊＊＊

contents

1 早寝早起きをする

24時間営業のコンビニに象徴されるように、社会全体が夜型のサイクルになってきています。しかし、私たちの体自体が夜型になったわけではありません。とくに、子どもたちにとっては、昔もいまも、十分な睡眠をとることが成長にとって必要不可欠です。

夜遅くまで起きている子どもたち

授業中あくびをしている子どもたちに「何時ごろ寝ているの?」と聞いてみます。

小学生でも、高学年になると12時過ぎと答える子どももいます。低学年でも10時ごろなんて子どもはざらにいます。

大人の夜型の生活に合わせるかのように、子どもたちの寝る時間がどんどん遅くなっています。

学校の朝は昔もいまも早い!

それに対し、学校の始業時間は、早い地域で朝8時ごろ、都市部の遅いところでも8時半くらいで、昔からさほど変わっていません。

朝起きて、着替えて、顔を洗って食事をして、歯をみがいて、登校の準備をして…。子どもの朝は大忙しです。

さらに、集団登校をする地域では、その集合時間もあります。

ですから、時間内に登校するためには、最低でも7時までには起きていなければなりません。

低学年までのあいだは、睡眠時間を10時間くらいとるのが望ましいとされていますので、寝るのが夜の10時を過ぎていては、当然睡眠不足になってしまいます。

睡眠不足は心身の健康に赤信号を灯す

大人とは違って、子どもたちはまだ発育の途中です。睡眠不足による生活リズムの乱れは、体温の低下を招くなど、健康にも悪影響を与えます。また、いらいらしたり、ぼーっとしたり、心の健康にも赤信号を灯します。

睡眠不足でしんどい一日のはじまり

睡眠不足になると、まず学校にいくのが面倒になってしまいます。実際におなかが痛くなったりすることもあります。それが続くと、不登校の一因にもなります。

とくに週明けなど、お出かけした次の日には、学校にきたとたんに不調を訴えて、保健室で寝てしまう子どももいます。

学校は午前中が勝負

大人の場合は、寝不足で午前中ぼんやりしていても、午後からさあひと仕事ということができます。

けれども学校は午前中が勝負です。とくに1年生のあいだは、授業はほとんど午前中にしかありません。午後の授業は週に3日程度、それも1時間あるだけです。

そうすると、寝不足の子どもは当然大事な授業中の大半を、ぼーっとして過ごすことになります。1年生の授業のペースがいくらゆっくりとはいっても、大事なことを聞き逃してしまいます。

分からないときは、大人でもいらいらします。子どももも同じです。元気そうに見えても、ちょっとしたことですぐ不機嫌になったりすることもあります。寝不足だと、心にも余裕がなくなるようです。

睡眠不足の悪循環

それでも、午後には目もさえてきて、帰ってからは元気に遊び出します。ところが、家で宿題などをやるときには、習ったことを忘れていたり、準備に時間がかかったりします。そのうちに、見たいテレビがはじまったりして、いろいろなことがずれ込んで、また寝る時間が遅くなってしまいます。

　こんなことがくり返されるうちに、疲れがたまり、悪循環に陥ってしまうのです。

子育てのポイント

●子どもと大人は違います

「そろそろ寝なさい」というと、「お母さんだってテレビを見てるじゃないか」といい返す子どももいます。しかし、子どもと大人では生活リズムが違います。子どもには、はっきりとそのことを教えて、きちんと、就寝時間を守らせましょう。

●大人の都合で子どもを振り回さない

大人もちょっと我慢することが必要です。子どもは楽しいときには興奮するので、体力が持続しているように見えますが、実は結構疲れているのです。

　家族団らんもいいのですが、ファミリーレストランなどで、夜遅くに食事をしている家族を見ると、「この子は明日が大変だな」とつい思ってしまいます。

●生活リズムは食事から

早寝早起きの習慣をつけるためには、食事など、そのほかの生活リズムをきちんと維持させることが大切です。余裕を持って朝食をとれるくらいの生活リズムができるといいですね。

　そして、子どもが決められた時間で早寝早起きできたときには、よくほめてやりましょう。それが、よい生活習慣を持続させるためのポイントです。

　はじめは少し大変ですが、子どもが早く寝るようになると、その後に大人の時間ができます。結局その方が大人にとっても楽なのです。

＊　＊　＊

2 決まった時間に寝起きする

夜の楽しみが少なかった昔は、大人も子どもも結構早く寝ていました。現在は、テレビもゲームもマンガも…と、楽しみがいろいろあります。時間を区切らないと、いつまでもずるずる、ずるずるということに。意識的に時間を決めて寝たり、起きたりすることが大切です。

テレビゲームで夜更かし

「遅くまで何をしていたの？」と聞くと、多くの子どもはテレビやゲームと答えます。なかには、ゲームに夢中になっていて、いつ寝たのかもわからないという子どももいます。当然、朝もぎりぎりまで寝ています。朝ご飯ぬきで登校する子どもも増えています。

就寝・起床の生活リズムの乱れは心身の成長を妨げる

面白いことの誘惑をどこかで断ち切らないと、起床・就寝の生活リズムが崩れます。子どもにとって生活リズムの乱れは、学校内での生活だけではなく、心身の成長の妨げにもなります。

最近では、テレビやゲームによる子どもの脳への悪影響が心配されはじめていて、「ゲーム脳」ということばも見聞きするようになりました。

「ゲーム脳」とは、感情や思考力をつかさどる大脳の前頭前野の活動が、ゲームをおこなっている時間が長い場合ほど低下する状態のことです。

毎日ゲームを2～7時間する人の場合では、ゲームをしていないときでも、前頭前野の活動が著しく低下し、「キレやすい」「集中できない」などの症状が多く現われる、という報告もあります。

就寝・起床のリズムの自立はすべてに通ず

当然、子どもは早く寝たがりません。楽しいこと、面白いことが身のまわりにあふれている時代だからこそ、決まった時間に寝て起きる習慣を身につけさせることが大切です。

このことは、我慢を教えることにもなり、学校での生活にも、基本的なしつけをすることにも役立ちます。

学校で集中できない

就寝・起床の生活リズムが乱れていると、当然集中力に欠けます。授業中も落ち着いて座っていることができずに、ほかの子どもにちょっかいを出したりして迷惑をかけます。休み時間も、何となくだるくて外遊びもできずに、教室でぼーっと過ごすことがあります。

このような状態が続くようになってしまうと、とても困ります。

大人の指示を聞けなくなる

また親が早く寝るようにいっても、それを聞かないいで過ごしているうちに、大人の指示に対していい加減な態度をとってしまうようにもなります。

学校でもそんな調子だと、先生の指示をよく聞けずに、クラスの「困りんぼさん」になってしまうこともあります。

大人もストレスに

学校から子どものようすを聞かされた親の多くは、驚いて、食事も歯みがきも宿題もすませて早く寝るように、突然強くせかしはじめます。

しかし、子どもは急には対応できません。その結果、子どもといい争いになり、親もストレスがたまってしまったという例があります。

子育てのポイント

●決まった時間に寝かせるために

決まった時間に寝かせるためには、宿題・食事・入浴・明日の準備・歯みがきなど、いろいろなことをその前にすませることが必要です。

これらをきちんとすますことができるように、入学前から一つひとつの動作を練習したりして、一定の時間にできるようにしておくことが必要です。

●毅然とした態度で

時間になったら布団に入るようにさせましょう。子どもは、親や兄弟が起きていると、自分だけ先に寝るのを嫌がります。布団に入った後もトイレにいきたいとか、いろいろいってくるものです。

甘えんぼの仕草も示しかわいいものですが、そこで相手になるのはやめましょう。時間を過ぎたら親は相手をしてくれないと分からせることが大切です。そのうちに、子どもはあきらめて寝るようになります。

●朝はあいさつとほめことばから

朝は、昨夜きちんと時間通りに寝られたことをしっかりとほめます。そして、親子で一緒に食事をとりながら、気持ちのよい朝を過ごせるとよいでしょう。

これをくり返していくことで、子ども自身も「規則正しい就寝と起床はよいことだ」という認識を持つようになります。同時に、しつけが身についた素直な子どもに育ちます。

3 自分で起きる

朝、何もいわなくても、時間になったら自分で起きてくる子どもに育てることは、実際にはなかなかむずかしいものです。自分で起きるためには、そのほかのことも自分でできていなければなりません。あわてず、じっくりと関わっていきましょう。

基本的な生活習慣の自立が前提

自分で起きられる（自律起床）ということは、睡眠時間がしっかりと確保されていること、決められた時間に寝ているということ、そのために、歯みがき、宿題、身のまわりの整頓などの習慣が身についていると いうことを意味します。お子さんが、そんな自律的な子どもであれば、十分ほめてください。

自律起床はむずかしい

自律起床の習慣が身についていないからといってあせらないでください。社会全体が夜型になったり、テレビやゲームなど、面白いものが、すぐ手の届くところに氾濫していたり、子どもを取り巻く環境が大きく変化したことで、いまの子どもにとって、自律起床はむずかしい生活習慣になってきているのです。

自分で起きられれば自律的な生活を送れる

子どもの性格にもよるのですが、自分で起きられるような子どもは、学校生活でも、自律的に過ごせる子どもであることが多いようです。やるべきことをさっさとやって、遅い友だちに指示をしたり、面倒を見ることができます。

自分で起きられないと

目覚ましが鳴っても、一度や二度ではなかなか起きずに、怒られるようにしてやっと起きてくる子どもの場合、起きてもぼーっとしていて、顔を洗うこともなく、朝食もそこそこに家を出ることもあります。

ここまでになると少々困ります。その子どもの学校での一日は、推して知るべしでしょう。

そして、結局は就寝が遅くなってしまうので、当然翌朝は起きられません。そんな毎日のくり返しになってしまいます。

生活習慣の自立の度合いに差が出る

自分で起きられる子どもとそうでない子どもでは生活習慣の自立の度合いに違いが出てきます。

たとえば、自分で起きられる子どもは、時間になったらゲームをやめて次の行動に移ることができますが、そうでない子どもは、いつまでもだらだらとゲームをやり続けてしまいます。

このほか、家で学習するときにも遊びながらで集中できない、食事もテレビを見ながら、遊びにいくと決められた時間までに戻ってこないなど、けじめなく毎日を過ごすことで、生活習慣が乱れてしまいます。

女の子はおしゃま男の子はやんちゃ

一般的に女の子は、おしゃまで口が早いので、ことばで教え、できればほめると自律起床の習慣が身につきやすいものです。

しかし口が達者な分、親があれこれいい過ぎると、へそを曲げたりして、自分で起きてくるのをわざとやめたりするような、むずかしい面もあります。

一方、男の子は一般的にやんちゃで、親のいうことをなかなか聞かない場合があります。

そこで親がいらいらして、辛抱できずに子どもを起こしたり、身のまわりの世話をしてしまうと、次からは、親をあてにして、自分から起きようとはしなくなります。

結局、自分で起きるという習慣は身につかず、それどころか、親をあてにするという、依存的な傾向ばかりが強まってしまいます。

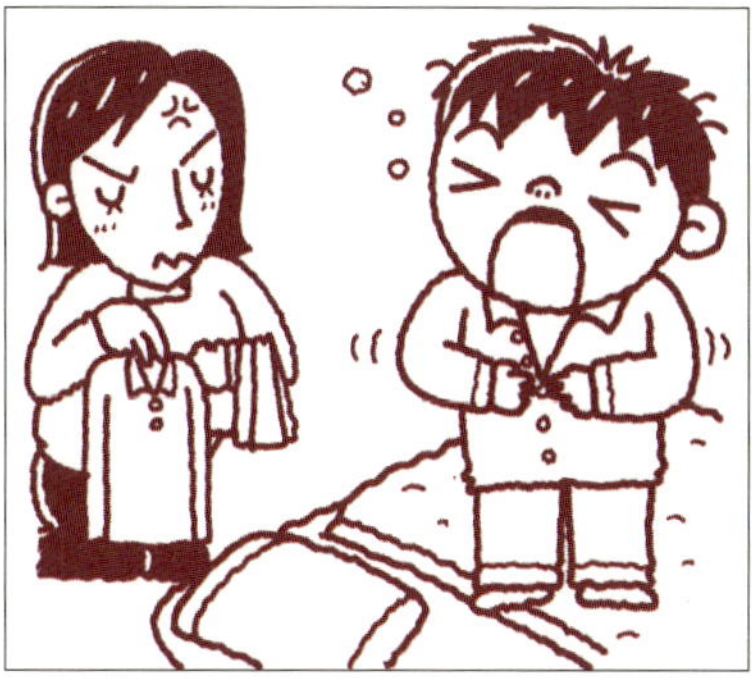

子育てのポイント

●添い寝もひとつの方法

まずは早く寝かせることからはじめます。寝つけない子どもには、最初は本を読んでやるなど添い寝をして、気持ちを落ち着かせる習慣をつけるところからはじめるのもひとつの方法です。

子どもの性格的な面や性別の面もからんできますので、じっくりと取り組みましょう。そして、時間通りに起きてきたら十分にほめましょう。そのくり返しが大切です。

●自律起床できる環境を整える

子どもを自分の部屋で寝かせる場合、間違っても子ども部屋にテレビなどを置いたりしてはいけません。朝は、家族が互いに気持ちよくあいさつをして、子どもが起きてきたとき、一日のはじまりをすがすがしく迎えられるようにします。

夜、いつまでも起きているときなどは、叱ることも大切ですが、自分で起きられたときには、必ずほめてやります。叱るだけではいけません。ほめることとのバランスに注意しましょう。

●親がモデルになる

親自身が、たとえばテレビをつけっぱなしの生活をしていませんか。そんなことも、子どもに自律性が身につかない要因のひとつになるのかもしれません。

子育てを大人自身の生活を改める機会として意識できると、少し余裕を持って子どもに接することができるものです。

4 朝食をとる

朝食をとらないで登校してくる子どもがいます。朝食をとらないとやる気が起きず、授業に集中できません。眠くなったり、気持ち悪くなったりすることもあります。朝食の内容も、菓子パンや肉まんだけといった子どもも少なくありません。

朝食をとらずに登校する子どもが増えている

最近、朝食をとらずに登校する子どもが増えています。どのクラスにも、ひとりかふたりかは必ずいます。

子どもたちにその理由をたずねると「寝坊して、食べる時間がなかった」「お母さんが寝坊して、ご飯をつくってもらえなかった」「食べたくなかった」などとさまざまな答えが返ってきます。

「小学生の間食に関する調査研究」（谷田貝公昭「日本家庭教育学会紀要」１９９６年）によると、小学４年生～６年生の子どもの７・３パーセントが朝食をとらずに登校しています。

●食事をしたか否か （%）

		昼の間食		夕　食		夜の間食		朝　食	
食べない		10.8		1.8		44.3		7.3	
食べた	1品	89.2	25.6	98.2	9.6	55.7	33.5	92.7	15.4
	2品		32.0		13.0		16.2		31.3
	3品		16.0		21.6		3.6		21.6
	4品		8.8		23.5		0.9		15.7
	5品以上		6.0		28.6		0.4		8.2
	その他		0.7		1.9		1.0		0.4

でき合いの物だけですます子どもたち

朝食をとってきたという子どもでも、何を食べたかと聞くと、どら焼きや食パン１枚だけなど、朝食とはいえないようなものであることもあります。

また、「菓子パン」「ピザ」「肉まん」「冷凍食品の焼きおにぎり」など、でき合いの物だけですませてくる子どもも多いのです。ご飯にみそ汁、焼き魚というような日本の伝統的な朝ご飯を食べてくる子どもは少なくなりました。

朝食をとらないと集中できない

学校は8時半からはじまり、給食の時間は12時過ぎなので、朝食をとってこないと、4時間ものあいだ空腹で過ごすことになります。

朝から空腹ですと集中力が続かず、勉強に身が入りません。

眠くなったり、気持ち悪くなったりする

また、眠くなったり、やる気も起きず、体調が悪くなったりします。「気持ちが悪い」と訴えてきた子どもを保健室に連れていったところ、朝食をとっていないことが原因だったこともあります。

保健室の先生が何か食べさせてやると、子どもは元気になり教室へ戻っていきました。

基本的生活習慣が身につかない

いつも朝食をとっていないと、成長期にある子どもは、身体的に支障をきたすのはもちろん、精神面にも問題が出てくるのではないかと考えられます。

朝食をとってこない子どもは、集中力が持続しない、落ち着きがない、忘れものが多い、身のまわりが散らかっているなど、普段の生活に問題がある傾向にあります。つまり基本的な生活習慣がきちんと身についていないのです。

子育てのポイント

●朝食は必ず食べさせる

成長期の子どもが、空腹のまま学校で体や頭を使っていることを考えたら、是が非でも朝食を食べさせるべきです。もし、朝食を食べさせずに子どもを学校へいかせているとしたら、親はそのことにもっと思いをめぐらせなくてはなりません。

子どもに朝食をきちんととらせるには、まず親がしっかり朝食をとることが第一です。朝は忙しくても、きちんと責任をもって食事をつくりましょう。

●早寝早起きをさせる

朝食をおいしくとるために、子どもには早寝早起きの習慣をつけさせましょう。早寝をさせるだけで自然に早起きができるようになります。

●子どもに役割を与える

また「早起きは三文の得」「朝飯前のひと仕事」ということわざにならい、玄関の掃き掃除、雨戸開け、ゴミ出しなど、朝食の前に、毎日何か決まった仕事を手伝わせるのもよいでしょう。家族の一員としての役割を果たすことによって、責任感が生まれると同時に、朝食をおいしくとることができます。

●手づくりの一品をそえる

食事は体だけでなく心も育てます。朝食を、菓子パンなどできあいの物だけですまさずに、せめてみそ汁の一品でもつくっていただきたいのです。そうすれば、子どもは「お袋の味」を感じとり、愛情に満たされた豊かな心が育っていくのです。

5 毎日決まった時間に用便をする

腹痛を起こしたり、いらいらしたりと、排便が不規則な子どもは案外大変な思いをしています。学校での排便に抵抗がある子どもも多く、つい我慢してしまい、体調を崩してしまう子どももいるのです。子どもにとって、毎日の規則正しい排便は大切なことなのです。

腹痛を訴える子ども

小学校の保健室には、腹痛を訴えてくる子どもが毎日のようにいます。原因はさまざまですが、案外多いのが便秘による腹痛です。

子どものお腹をさわると、便秘でパンパンに張っていることもあります。ですから腸が動くたびにお腹が痛くなってしまうのです。

イライラする

精神的な不調もあります。

「この子、きょうは何でこんなにいらいらしているのかしら」「きょうはやけに友だちともめるなあ」というときに、「ウンチはいつ出たの？」とたずねると、「覚えてない」と答えることがあります。つまり、忘れてしまうくらいウンチをしていないのです。

そして理由も分からずいらいらし、友だちとけんかをして、先生にまで叱られる、という悲惨な日に遭ってしまうのです。

学校のトイレが嫌で我慢をしてしまう

子どもにとって学校のト

イレで大便をするということは、かなり勇気のいることのようです。とくに、男子トイレは個室に入ると大便と分かってしまうため、我慢をしてしまう子どもが多いのです。

友だちにバレるとからかわれたり、いじめられたりすることがあるからです。

「学校でウンチをすることは恥ずかしいことではないんだよ」と、子どもたちの間違った意識を正しい方向に導く必要があるでしょう。

規則正しく排便しないと食欲にムラが出る

小学生の時期は、体が著しく成長します。そのため、十分な栄養を必要とします。

ところが規則正しい排便をしていない子どもは、どうしても食欲にムラが出てくるのです。

腸に悪影響を与える可能性がある

食欲がないと栄養が不足してしまいます。また、本来体外に排出されるはずの便が、いつまでも腸内にとどまってしまうわけですから、腸にもよくない影響を与えかねません。

精神状態が不安定になり、集中力が落ちる

前述のように、便がたまっているといらいらすることがあります。また、いじめられたくないからと無理な我慢をすると、これまた精神状態が不安定になってきます。

それにより集中力も欠如してしまうので、先生の話を聞けなかったり、けがをしやすくなったりしてしまいます。

子育てのポイント

●決まった時間にトイレに座る

もっとも便が出やすくなるのは、食後20分くらいだといわれます。ですから、まずそのタイミングでトイレに座らせることです。すぐには出るようになりませんが、毎日習慣づけていきます。

●時間に余裕を持つ

ただし、その際は時間に十分余裕を持ちましょう。とくに、朝食後に排便の習慣をつけるのであれば、少なくとも家を出る1時間前には起床する必要があります。早寝早起きの習慣が大切です。

●生活リズムを整える

排便の習慣を整えるためには、食事の時間が一定していて、三食きちんと食べることが大切です。とくに、朝食を抜いたり、夕食の時間がばらばらだったりすると、排便のリズムもつきません。

早寝早起きとともに、生活リズムを整え、三食決まった時間にしっかり食べることはとても重要です。

●献立はまんべんなく

子どもの好きな献立ばかりにならないようにしましょう。出しても食べないからと、子どもの好きな献立ばかりにすると、偏りが出ます。繊維質を含む食材を献立に加えましょう。

＊　＊　＊

6 身だしなみを整える

毎朝、登校時間ぎりぎりにくる子どもたちのなかには、顔を洗ってこない、髪をとかさない子どもがいます。また、学校でのようすを見ていると、ズボンからシャツが出ていたり、靴のかかとを踏んで歩いていたりしても平気で、自分の身だしなみにまるで関心がない子どもも見られます。

顔を洗わない・髪をとかさない

朝、子どもたちの顔を見ると、目やにがついていたり、口の周りに食べカスがついていたりします。また、髪をとかしてこないのか、ぼさぼさ頭で登校してくる子どももいます。

とくに髪の長い女の子は、ゴムやリボンで束ねるとよいのですが、注意してもひとりではできないこともあり、保護者に呼びかけても徹底できません。

だらしのない格好でも平気

靴のかかとを踏んで遊んでいたり、トイレや着替えの後にズボンからシャツが出ていても平気な子どもがいます。どちらかというと男の子に多いようです。

また、同じ子どもが同じことをくり返す傾向があります。

学校にふさわしくない服装をしている

服装や頭髪のみだれのほかに、最近、学校にふさわしくない服装で登校してくる子どもが目立つようになりました。

たとえば華美な装飾がついていたり、丈が長すぎたり、あるいは短すぎたりするスカートや、ほかにも、底の厚すぎる運動ぐつ、かかとにローラースケートがついたくつなどを、多くの子どもが好んで着用するようになりました。

学校は、子どもたちがさ

まざまな活動する場所です。前述したような服装では、服の汚れを気にしたり、うまく走れなかったりして、活動の妨げになります。ときには転んだりするなど、危険をともなうこともあるでしょう。

学習に集中する姿勢が整っていない

身だしなみとは「身のまわり（服装や頭髪、ことばや態度）への心がけ」という意味です。身だしなみが整っていないということは、学校にいく心の準備ができていないということです。それでは、学校へきても、集中して学習に取り組むことができません。

子育てのポイント

●教える、やって見せるの繰り返し

ただ「身だしなみを整えなさい」といっても、子どもたちには伝わりません。はじめは、子どもと一緒に鏡の前に立ち、髪→顔→服装の順にチェックします。髪を上手にとかせない、シャツのえりを折れないなどといったときは、やり方を教え、できるまで近くで見守ります。

何日か練習すると、自分ひとりでもできるようになるでしょう。そのとき、エチケットとしてハンカチやちり紙を持つように声をかけ、習慣化させましょう。

●十分な時間を与えよう

子どもに身だしなみを整えさせるには十分な時間が必要です。朝は忙しいので、登校時間の最低1時間から1時間半前には起床して、身だしなみを整える時間を確保しましょう。できれば保護者の方も鏡の前に立って、子どもと一緒に身だしなみを整えましょう。

●場に合った服装を教える

学校に着ていく服は、運動しやすく、汚れてもよい服がいちばんです。こまめに洗濯し、いつも清潔感のある服を身につけさせることがよい身だしなみにつながります。

子どもがファッション性を重視した服を着たがったときには、そのような服は、休日のお出かけのときや、下校後遊ぶときに着る服であり、学校には、それにふさわしい服でいくようにいい聞かせます。

7 日常のあいさつをする

「あいさつ」は社会生活のなかで大切なマナーのひとつです。最近では、「あいさつのできる子どもを育てよう」と、地域ぐるみでとり組むところも出てきました。幼児期のしつけとして、かんたんな日常のあいさつを、きちんとできるようにしましょう。

あいさつ運動

ある小学校の登校風景。「おはようございます」と声かけをしながら子どもたちを正門で迎えているのは、校長先生です。

毎朝のことなので、先生より先に大きな声であいさつする子ども、大きな声ではないけれど、しっかりあいさつを返して笑顔で通る子ども、はずかしそうに下を向いてだまって通り過ぎてしまう子ども、とさまざまです。

急に「あいさつをしましょう」と呼びかけても、子どもたちはなかなか実践できないので、まずは大人が声かけをしようと「あいさつ運動」のとり組みをしているのです。中学校でも同じような光景を目にします。

目を合わせることができない子どもたち

朝、校内で子どもたちとすれ違うとき、「おはよう」と声をかけても、教師の顔を見ることもなく、まるでそこには人がいないかのようにだまって通り過ぎる子どもたちがいます。

高学年の男の子が照れくさそうにするのとは違って、かわいらしい一年生にすーっとすれ違われると、なんだか悲しい気持ちになります。

「知らない人とは話してはいけない」というお家でのしつけを勘違いしているのだろうか…、と教師同士で嘆いています。

あいさつは返してくれて

も、教師と目を合わすことなくすれ違っていく子どももいます。

自分のことばであいさつを

集団生活のなかでは、みんなで声をそろえて「い・た・だ・き・ます！」などという場面が多いのですが、いつもいつもそればかりでなく、自分のことばとして、あいさつを口にできるようにすることも大切です。

マニュアルにはしたがうことができても、自分で考えて行動できるようにしなければ、心をこめた「あいさつ」は身につきません。

お母さんはあいさつできますか？

毎年11月ころになると、新入学生を対象に「就学時健康診断」がおこなわれます。

地域によっても異なりますが、小学校でおこなわれるところでは、学校の職員もお手伝いをします。そこで、たくさんのお母さんや子どもたちと接します。

お医者さんの前に立つと「おねがいします」、診察が終わると「ありがとうございました」と自分からいうことができる子ども。あるいは、子どもがだまっていると「何ていうの？」とうながすお母さんもいらっしゃいます。なかなか感心。

ところが、なかには一緒に来たお母さんたちとおしゃべりをして、子どものことはほったらかしにしていて、検診が終わるとろくにあいさつもせず、さっさと教室を出ていくお母さんも見られます。

そうです、お母さん自身があいさつできないのです。

子育てのポイント

●マナーとしてのあいさつを実際の場面で教える

親や保育者がどんなにいい聞かせても、具体的な場面での実践がなければ子どもには伝わりません。

よその家を訪問したときは、どのようにあいさつをすればよいのか、親がその場その場できちんと具体的に教えていきましょう。子どもがそれを実践することができたときはほめてやってください。

また、よその子どもがきちんとあいさつをしてきたときも、うんとほめてやってください。子どものしつけには、親だけでなく周囲にもよいモデルがいることが大切なのです。

●コミュニケーションとしてのあいさつ

「おはよう」「こんにちは」「さようなら」のほかにも「ありがとう」「ごめんなさい」など、人とのコミュニケーションをはかる上で、大切なことばがあります。

親切にしてもらったときには、心をこめて「ありがとう」といったり、相手に悪かったという気持ちで「ごめんね」をいえる子どもは、豊かな人間関係を築くことができるのです。

ことばにしなくとも相手の気持ちを推しはかるという美しい風習は、しっかりとあいさつをできてこそ成り立つものです。

入学後、新しい友だちと気持ちよく生活していくために、あいさつが大切であることを教えましょう。

●家族同士であいさつをかわそう

家庭のなかのあいさつも見直してみましょう。家族が明るくあいさつをかわしていますか。

笑顔でお互いの顔を見て、「おはよう」といっていますか。「ありがとう」や「ごめんなさい」をいえていますか。「いってきます」と出かける家族を「いってらっしゃい」と明るく送りだしていますか。

家庭は小さな社会です。「親しき仲にも礼儀あり」を実践する場として、家庭でのあいさつを大切にしていきましょう。

＊　＊　＊　＊　＊

8 登下校時の交通事故に気をつける

ほとんどの小学校では通学班が組織され、近所の子どもが集団で登校します。通学班がなく、個人登校の小学校もあります。通学班による集団登校は、さまざまな危険から子どもを守るのに有効です。しかし通学班登校は、連れていってもらえるという気持ちから、気が緩みがちになり、かえって危険をまねくこともあります。

毎朝、通学班で近くの子どもと登校します

「通学班」は、学年や性別に関係なく、1年生から6年生までの近所の子どもが、一緒に登校する制度です。

高学年の子どもが班長になって、班の子どもが安全に登校できるように、ほかの子どもをまとめます。

集団登校は子どもを危険から守ってくれる

集団登校は、大勢の目があるので、不審者が近づきづらいことや、上級生が下級生の面倒を見たり、助けたりできるので、さまざまな危険から子どもを守るには有効な方法です。

だんだん気の緩みが出てくる

入学したてのころは慣れない通学に緊張していた1年生も、学校生活や通学班登校に慣れてくると、気が緩みはじめ、注意力が散漫になる子どもが出てきます。友だち同士のおしゃべりに夢中になって列をみだしたりすると危険ですし、周りの子どもにも迷惑をかけてしまいます。

集団下校から個人下校へ

1年生は、入学後しばらくのあいだ、集団で下校します。交通安全指導のため、教師が地域ごとに引率し、自宅近くまで送ります。

しかし、学校生活に慣れるにしたがって、だんだんと個別に下校するようになっていきます。

すると、決められた通学路を外れて道草を食う子どもが出てきます。よく知らない道では、危険な目にも遭いやすくなります。

下校時には交通事故に遭いやすい

朝は静かに登校できても、帰りは、授業が終わった解放感から注意力が散漫になり、友だちと遊びながら下校する子どもは少なくありません。さらに、学年が進むにつれ、子どもの行動範囲は広がります。知らない道、危険な道を通ることもあります。信号を見落としたり、危険なところでふざけっこをしたりして、事故に遭いやすくなります。

交通事故の原因は飛び出しがいちばんです

子ども（とくに幼児）は自分のこと以外はあまり考えずに行動するために、身のまわりに起きつつある危険を察知する能力に欠けています。

そのため、左右をよく確認しないまま飛び出してしまうのです。

＊子育てのポイント

●通学路の危険個所を覚えよう

各地域ごとに学校が定める通学路があり、子どもはそれにしたがって、登下校します。

新入生には、入学説明会や一日入学のときに、通学路についての案内があります。

通学路は、スクールゾーンや一方通行になっているなど、ほかの道路より交通面での安全性が確保されています。

入学が近づいたら、親子で通学路を歩いて、危険な場所などを確認しながら、安全な歩き方を具体的に教えましょう。

●交通ルールを守ろう

信号を無視したり、横断歩道ではない場所を渡ったりと、交通ルールを守らない大人が増えています。

親として、ルールをきちんと守る姿勢を示し、安全に行動することを教えましょう。親が交通ルールを守らないと、幼い子どもは、何が正しいのか分からなくなって、混乱してしまいます。

●危険を避ける力を身につけよう

交通事故の状況を考えると、わたしたちの生活は、常に危険と隣り合わせの暮らしということがいえます。

子どもと歩くときは、前後からくる車に気をつけ、より安全な道路を利用する、道路を横断するときは、右左折する車の動きにも注意するなど、交通弱者として、危険から身を守る方法を教えます。

反対に、自転車や車に乗っているときは、歩行者を優先に考え、無理な運転をしない、優先道路でも一時停止をするなど、交通弱者に配慮するように教え、いろいろな角度から交通状況を考えさせると、子どもなりに的確な判断をするようになります。

●衝動的な行動をする、多動傾向のある子どもへの対応

最近「注意欠陥・多動性障害（ADHD）」と呼ばれる障害を持つ子どもの存在が明らかにされはじめています。衝動的な行動をする、集中力がない、じっとしていられない、などが特徴的な症状です（56ページ参照）。

このような子どもは、交通事故に遭いやすい傾向にありますので、穏やかな気持ちにさせてから登下校させるなどして、事故を避ける必要があります。

9 親離れ・子離れをする

子どもたちは新しい環境のなかで、さまざまなプレッシャーを感じながら毎日登校します。子どもたちが元気に学校に通えるようにするためには、「自分のことは自分でできる子ども」に育て、自分に自信をつけさせることが大切です。

毎朝元気に「いってきます」

入学したばかりの一年生が、毎日元気に登校してくる姿を見ると、教師はほっとします。それは、毎朝子どもを学校に送り出すときのお母さんも同じ気持ちでしょう。

元気に「いってきます」といって学校にいく姿を見ると、「学校では楽しくやっているんだ」と安心できるからだと思います。

これは、親離れが順調にできている証拠でもあります。

親から離れられない子ども

しかし、元気に登校できる子どもたちばかりではありません。

毎朝、お母さんと一緒に学校まできても、昇降口につくと母親と別れるのが嫌で泣く子ども。また、授業中も休み時間も、片時とも母親から離れることができない子どももいます。

母親と離れることに大変な不安を感じて、それができない子ども。

これは母親にとっても深刻な問題です。

子どもへの関心が薄い親

母親が何らかの理由で忙しすぎて、子どもへの関心が極端に薄い場合、子どもは母親からの愛情を十分得たいために、母親にくっついて離れたがらず、母子分離ができなくなることがあります。

子どもは赤ちゃん返りをしたりして、自主性の発達に遅れが生じてしまいます。

過保護な親

その反対に、過保護が原因になることがあります。

たとえば母親が、事故や病気を心配するあまり、子どもを外で遊ばせないと、その子どもは友だちをつくる機会が少なくなり、遊び相手はもっぱら母親だけになってしまいます。

そうすると、子どもは必要なときにはいつでも手助けしてもらえるように、母親が近くにいないと不安になります。

新入児の登校拒否

低学年の子ども、とくに学校に入学してすぐの子どもはだれでも、新しい環境や、集団からさまざまなプレッシャーを感じるものです。

そのような理由で子どもが登校したがらなかったとき、子どものいう通りに、安易に学校を休ませるのはうまいやり方ではありません。「熱が高くて、どうしてもむりなとき以外は休んではいけない」というような親の毅然とした態度が必要です。

それから担任の教師に相談して、何が原因なのかを考えてみることです。

もし、子どもが入学後1カ月以上たっても登校したがらないとき、または母親と一緒でないと登校しないようなときは、原因が母子関係にあると考えられるのがこの時期の特徴です。

子育てのポイント

●自分のことは少しずつ自分でさせるようにする

自主性の発達に遅れがあり、学校へいきたがらない子どもは、何をするにも、すぐ母親をたよりがちです。

まず、身のまわりの整理整頓など、基本的生活習慣を身につけさせたり、食事の準備や片づけなどのお手伝いをさせたりして、いろいろな生活体験をさせながら、自分のことは自分でできる子どもに育てていきます。

もちろん、それまで何でも一緒だったのが、いきなり母親から突き放されてしまっては、子どもも混乱してしまいます。

はじめはそばで見守りながら、少しずつひとりでできるようにしていきましょう。

●放任・過干渉にならないために

子どもには、なるべく早く自立して欲しいと思うのが親心ですが、当然子どもは何でもはじめから上手にできるわけではありません。

子どもが頑張って自分でやろうとしているときには、そのようすを見守ることが大切です。

そして、どうしてもできなくて、いよいよ子どもが助けを求めてきたときには、少しだけ手助けしてください。

あまりうまくできなくても、自分でやったときには、それを認め、ほめてください。「最後まで自分でやった」という達成感が子どもの自立をうながすからです。

自分に自信がついてきた子どもは、徐々に学校へも登校できるようになっていきます。

10 鉛筆を正しく持つ

鉛筆を正しく持って書ける子どもは小学生で1割程度しかいないという研究結果があります。正しく持つことで学習の効率もアップします。自己流の持ち方を身につけてしまってから直すのでは大変です。文字を練習する前には、正しい鉛筆の持ち方をしっかりと教えましょう。

字は書けるけど

小学校入学時には、自分の名前をいったり、靴箱やロッカーに貼られた自分の名前を読みとったりできるだけで十分ですが、最近ではすでに幼稚園でひらがなすべてを覚えてきて、書くこともできる子どももいます。そんな子どもは、自信たっぷりで授業を受けています。

しかし、よく見ると鉛筆の持ち方は自己流。また集中力も持続しません。なぜなら、おかしな鉛筆の持ち方をしているため疲れやすいのです。

正しく持てない子どもが増えている

鉛筆の持ち方と箸の持ち方は多くの共通点があります。そのため箸を正しく持てない子どもは、鉛筆も正しく持てない場合が多く、また反対に、鉛筆を正しく持てない子どもは、箸も正しく持つことができないのです。

近年どちらも増えています。

鉛筆を正しく持って書ける小学生は約1割という調査結果があります。

正しく持つことで、長時間書くことができる

鉛筆の持ち方が正しくなくても字を書ければ問題ない、という考え方は間違いです。基本の形とは、その動作をするためにもっとも効率のよい形なのです。

正しく持つことで、手や指先に無駄な力がかからず、長い時間でも書くことができます。

また、筆圧を調整しやすくなるので、細かいところまできちんと書くこともできます。

子育てのポイント

●まず正しい持ち方を教える

いったん身についてしまった自己流の持ち方を後から直すことは大変です。

文字を教えるときには、まず正しい鉛筆の持ち方をしっかりと教えてください。

●親が正しい持ち方のモデルに

そのためには、まず親自身が鉛筆を正しく持てているかを確認しましょう。子どもは直接教えられなくても見ているだけで身につけることがあるからです。これをモデリングといいます。

●かんたんな図形から練習する

正しい持ち方を身につけること自体は難しいことではありません。

しかし、自己流の持ち方をしていた子どもが、正しい持ち方ですぐに文字の練習に入ることは大変です。正しい持ち方に慣れていないため、うまく力が入らず、形が複雑な文字を書くことは難しいからです。

練習は直線、曲線、円など、かんたんな図形を書くことからはじめ、徐々に文字の練習に進めていきましょう。

●正しい鉛筆の持ち方

図のように持つのが、手に負担をかけずにもっとも効率よく字を書くこつであるといわれています。図をよく見て正しい持ち方を教えましょう。また練習するときは、長さ10センチ以上の持ちやすい鉛筆を用意しましょう。

◆悪い鉛筆の持ち方

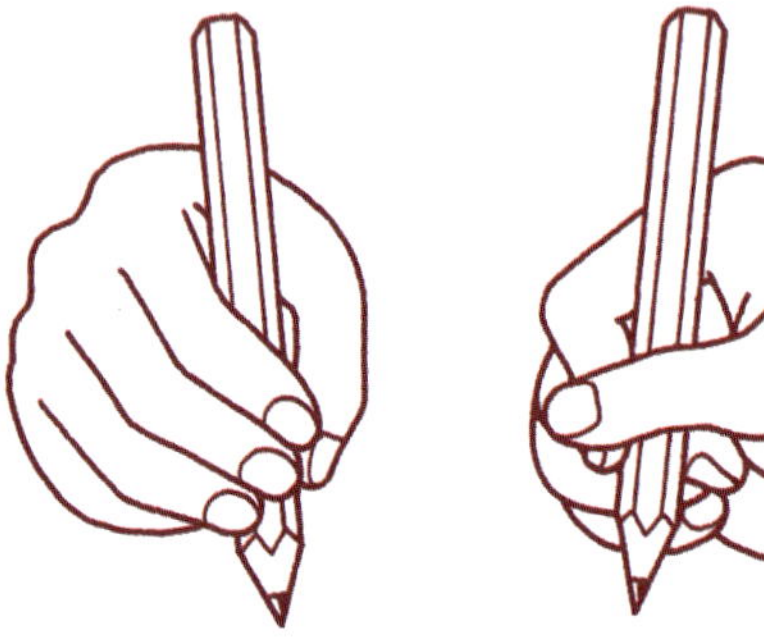

◆正しい鉛筆の持ち方

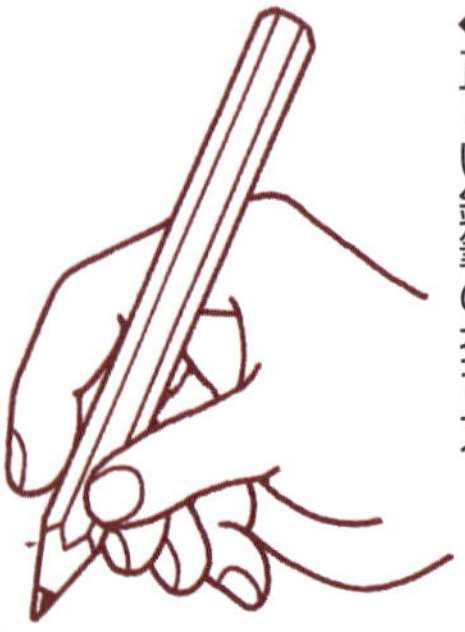

11 正しい姿勢を保つ

ミニスカートから長い足を出し、さっそうと歩く若い女性たちがいます。でもひざのところが外側に曲がっていてペタペタと歩く彼女らを見ると、小さなころに、正しい立ち方、きれいな立ち方を教えてもらえなかったのかと、気の毒に思うこともあります。容姿に関わるだけでなく、健康にも大きく影響するという姿勢について考えてみましょう。

まっすぐ立っていることができない

月曜日の朝会風景。全校生徒がクラスごとに整列し、校長先生のお話がはじまります。しかし、3分ともたず子どもたちの体が動き出します。低学年の子どもばかりではありません。

話に飽きているだけではなく、まっすぐに立っていることができないのです。

両足に均等に体重をかけず、片方の足だけに体重をかけて立っているため、すぐ疲れてくるのでしょう。そのため、体重を移動するたびに体が動きます。なかには「足が痛い」としゃがみこんでしまう子どももいます。

姿勢の悪い子どもたち

「○○さん、前をきちんと向きなさい」と教師が注意すると体は前を向きますが、椅子はななめのままです。そうかと思うと、学習中に机の上にひざ小僧が見えます。座席に片足を乗せていたのでした。

ノートに何か書いたりするときは、ほとんどの子どもたちが机にかぶさるような姿勢になります。「背中をピン！」と声をかけるのですが、鉛筆を正しく持てていない子どもは、手元がよく見えず、のぞきこむようにしていくうちにまた姿勢が悪くなります。

体育の時間は、まず整列させるのにひと苦労します。

多くの子どもがじっと立っていることができません。ですから「前の人の頭を見なさい」と指示をしても、その子どもがふらふらするので、いつまでたっても整列ができないのです。

集中力・持続力がなくなる

椅子に正しく腰かけることができないと、落ち着いて人の話を聞いたり、集中して作業したりすることができません。

正しく座っていないと疲れやすくなるため、頻繁に姿勢を変えたくなるからです。その結果、体を動かしたり、立ち上がりたくなったりするので、落ち着きがなくなります。

姿勢が悪いと骨が変形する

子どもたちの骨は成長途中のため、大人に比べてやわらかいといわれます。背筋をのばして立つことを意識させなければ背骨は曲がってしまいます。正しく立てないと足の形が変わってしまい、運動機能にも影響してきます。

また、椅子に座っているとき、しょっちゅう机にほおづえをついていると、あごの骨が変形し、顔の形が変わってしまうこともあるのです。

子育てのポイント

●大人がよいモデルに

子どもたちの前に立つとき、どんな立ち方をしていますか。椅子に座って作業をするときはどうでしょう。電車やバスのなかなど、公共の場所ではどうですか。

正しい姿勢は、子どもたちの行儀にも通じていきます。口でいっているだけでは子どもたちには伝わりません。さまざまな場面で、大人がよいモデルを示すようにしましょう。

●正しく椅子に座る

椅子に座るときは深く腰掛けさせ、背中が背もたれにつくようにします。両方の足の裏がきちんと床につくように椅子の高さを調節しましょう。椅子が高すぎる場合は、足もとに台を置きます。背もたれの傾斜が大きい場合は、クッションなどで調節するとよいでしょう。体が安定して、正しく座れるようになります。

●遊びのなかで体を鍛える

ある程度の時間、きちんとした姿勢を保つためには、それに耐えうる体ができていなければなりません。子どもたちは遊びのなかで体を鍛えていきます。たとえば、鉄棒やジャングルジムは腕の力だけでなく背筋も鍛えます。鬼ごっこやかけっこ、なわとびやボール遊び。体を使って遊ぶことにより、正しい姿勢を保つ力をつけていくのです。

●きれいに立ち、歩く

足をそろえて立つときは、

・つま先は少し開く

・ひざの内側と内側をつける

このふたつのことを教えるだけで、まっすぐにきれいに立つことができるようになります。正しい姿勢をしつけることは子どもの体と心を美しく育てることになるのです。

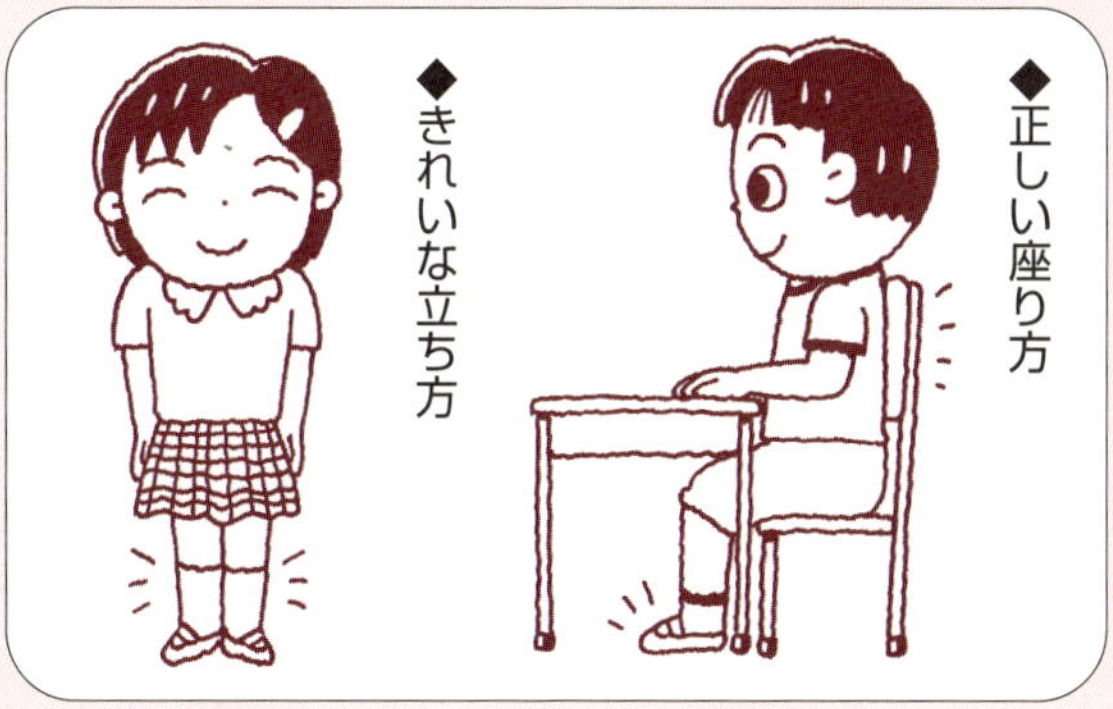

12 ひとりで脱ぎ着する

小学校では、ひとりで着脱する場面がたくさんあります。体育・給食の時間・休み時間、そしてさまざまな行事などで、着脱をします。

かぶり物の服装が増えた

いま小学校に通う児童は、服の脱ぎ着で苦労することはなくなりました。「えっ？」と思われた読者もいらっしゃるかもしれません。理由は、ブラウスなど、ボタンのついている服が少なくなり、代わってトレーナーやポロシャツなど、かぶり物を着る子どもが増えたからです。かぶり物は、手先を使わないので着脱がかんたんなのです。

暑さ寒さの変化に無頓着

寒い時期には、下着の上に長袖のシャツやブラウスを着、さらにその上からカーディガンやセーターなどを重ね着して衣服の間に空気の層をつくることで、寒さをしのぐ調節をします。

反対に、暑いときには、汗を吸いとる夏用下着の上に、半袖のシャツやブラウスなどを着ます。

ところが、最近、夏でも冬でも、暑くても寒くてもトレーナー一枚で過ごす子どもが増えています。

夏場、冬用の厚手のトレーナーを着てくる子どもがいて、額からは汗がたらりたらりと落ちる始末です。登校前、親は子どもの服装に気がつかないのでしょうか？　かぶり物の服装が増えているのは、それが着やすく、手間がかからず、着る枚数が少なくてすむからです。しかし、かぶり物ばかりを着ていると、季節に関係なく一年中同じような服装になるため、季節や温度の変化にたいへん無頓着になってしまうのです。

最近はとくに、暑い、寒いによって、衣服を調節しようとする自覚のない子どもが目立つようになりました。

着脱を面倒がる

体育の授業の一場面です。準備体操をしている子どもたちのなかで、ひとり体操着に着替えていない子どもがいます。

「体操着を忘れたのですか?」と聞くと、「持ってきたけど、面倒で…」との答え。気まずくなったのか、その子どもはすぐに着替えに戻りました。

近ごろ、子どもたちから「面倒だ」「疲れた」のことばが聞こえてきます。

一日中着っぱなし

脱ぎ着を面倒がる子どもが増えていると同時に、寒さに弱い子どもが増えています。

登校時に着てきたジャンパーを、一日中着ている子どもがいます。教室内には暖房が入っているので「脱いだら?」というと、「寒いから、面倒だから」の答え。このことばは、小学校の中学年・高学年だけでなく、低学年でも聞かれます。

子育てのポイント

大人が衣服の調節を教える

「子どもの自立を尊重する」ということばを耳にしますが、それは、子どもを放任しておくという意味ではありません。

自分で着脱ができるようになっても、暑い、寒いによって、子どもが衣服の調整をしているかを必ず確認します。とくに小学校低学年くらいまでの子どもは、何かに夢中になるとそれに集中し、衣服のことまで考えが及ばなくなってしまうからです。

調節ができていなければ、その仕方を教えます。調節がうまくできているようならば、うんとほめましょう。ほめられた子どもは、次から衣服の調節をよく考えるようになります。

13 脱いだ服をたたむ

自分で脱いだ衣服を上手にたためない子どもがいます。そんな子どもは、脱いだ衣服をたたむのを面倒がり、脱いだ衣服をそのままの状態で机の上に置いていってしまいます。机の上ではなく、床に落としていってしまう子どももいます。ときには、落ちている衣服に足をすべらせて転んでしまうこともあります。

脱いだ衣服をたためない

自分の服をたためない子どもは、脱ぎっ放しにしてしまい、となりの席の子どもの机の上にまで衣服を散乱させています。

服をたたんでいない子どもに「きちんとたたみなさい」というと、「面倒くさい」と答えが返ってきます。

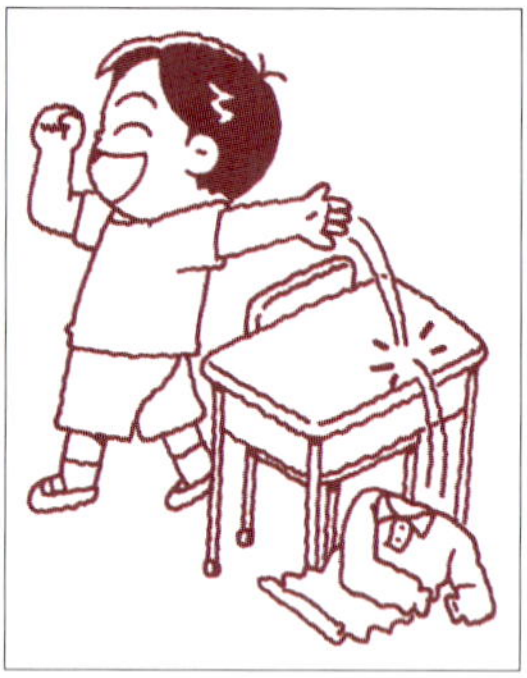

しまい忘れに気づかない

脱いだまま服をたためない子どもは、自分の服が床に落ちても平気になってしまいます。また、体操着や給食の白衣、水着などを袋にしまい忘れたり、ズボンや帽子を床に落としてしまっても、それに気がつきません。

自分の物と他人の物の区別がつかない

他人の衣服と自分の衣服との区別がつかずに、着てしまうこともあります。

自分で散らかしておいて、着るときに見あたらないから目に入ったものを使おう、あるいは、落ちているから使おうと、考えなしに何げなくそうしているようです。

友だちに、「それ、〇〇ちゃんのだよ」と教えてもらっても「あっそう」といって戻すだけです。

これは、衣服に限らず、学校に持ってくる学習用具すべてについていえることです。

水泳の学習でも

水泳の時間には、もちろん着替えをします。学校によっては、別な場所に移動してから着替えるので、このときちんと脱いだ服をたためていないと、大変なことになってしまいます。

ほかの人の衣服と自分の衣服との区別がつかなくなると、周囲の人に探してもらう結果になり、大変な迷惑をかけてしまいます。

また、なかには名前が書かれていない衣服が着替えの場所に残されていることもあります。

落とし物が増えます

水泳の時間の着替えで、よく落とし物になるものが靴下です。

ほかの物には、たいてい名前が書かれていますが、靴下に名前を書く子どもはほとんどいません。靴下は、両方の足を一組にしてたためばなくしにくい、ということを知らないのでしょう。

また、身のまわりの整理整頓がうまくできない子どもが増えていることもあって、衣服をたためないと床などに落としてしまい、それが余計に落とし物を増やす原因にもなっています。

学習時間を衣服探しに費やすことも

学校で物がなくなると、みんなで探すことがあります。衣服をたためないことで衣服が散らばり、見あたらない。そんなとき、学習のための大切な時間を、衣服を探すために費やさなければならなくなります。

衣服をたためるか否かは、クラスみんなの大切な時間を守ることにも関わってくるのです。

子育てのポイント

●衣服をたたむポイント

衣服をたたむ要点としては、次のようなことがあげられます。

◇表を上に出す
◇かさばらないようにたたむ
◇しまう場所の広さに合わせてたたむ
◇ズボンは股下と脇の縫い目に合わせて折り目をつける
◇くつ下は両足をあわせてたたむ

（『小学校家庭科学習指導書　指導編　第五学年用』開隆堂、1988年）

衣服のなかでも子どもがよく着用するトレーナーをたたむ動作は、ちょっとした折り紙よりかんたんです。幼児でも十分たたむことができます。下図を参考にして教えてください。

◆服のたたみ方

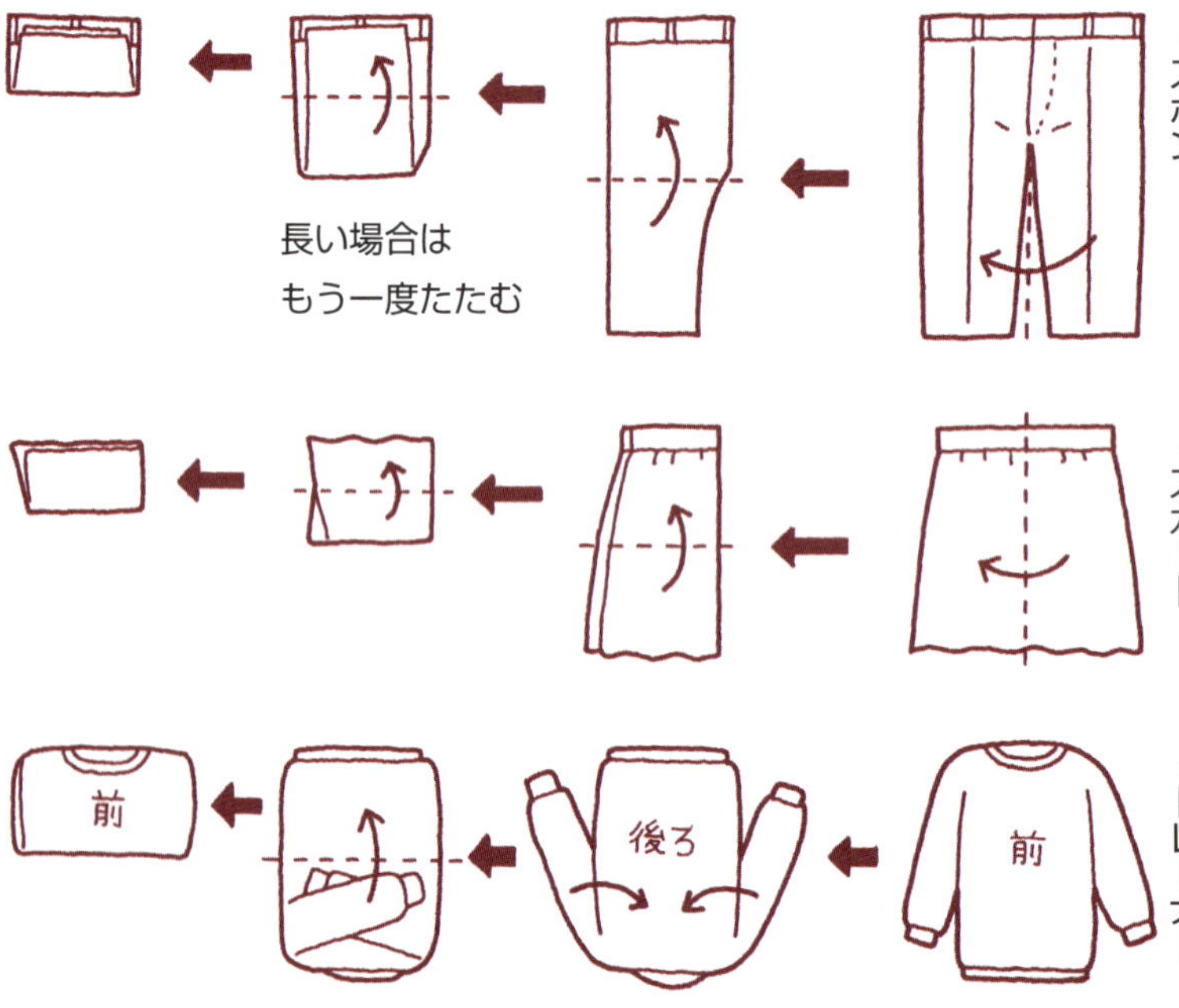

14 ボタンをはずす・かける

小学校低学年では、動きやすく汚れてもよい服装をしている子どもが、反対に高学年では、ファッションや流行を意識した服装の子どもたちが増えています。学年を問わずかぶり物の衣服が多く、ボタン物の衣服が減少しています。

ファッションや流行を追う

以前は学校に着てくる服といえば、どの学年もボタンのついたシャツやブラウスなどが主流でした。

ところが最近は、低学年では成長の早さとよく動くことを考慮に入れてか、よく動けて脱ぎ着に手間がかからず、汚れてもよいかぶり物が増えています。

一方、高学年では、ファッションや流行を追った物、動きやすさより飾りの多い物、しかし手早く着られる物が増えています。なかには、飾りのポケットがついた服なども見られます。もちろん、そのポケットには物は入りません。

子どもたちから、ボタンのついた衣服が消えつつあります。

ひとりでボタンかけができない子ども

ボタンのついた衣服を着る子どもが減っているので、白衣など、ボタンのある衣服に着替えるとき、経験不足で非常に時間がかかります。なかには、友だちに手伝ってもらい、残りのボタンをかけてもらう子どももいます。

たまにボタンかけをしなければならないと、困ってしまい、うまくいかず、かんしゃくを起こしていら立つ子どもさえいるのです。

ボタンからマジックテープへ

くつと同様に、衣服にも

ボタンの代わりにマジックテープを使った物が増えています。

　そのせいか、ボタンをはずすときに、マジックテープのように引っ張ってはずそうとする子どもがいます。ボタンの糸はほつれ、落ちやすくなります。「穴をくぐらせてはずすのですよ」と注意しても「面倒だよ」というだけです。

子育てのポイント

●ボタンをかける

　ボタンかけが可能になるのは、内外の研究者の過去の調査を見ると、3～4歳となっています。

　この動作は、かなり細かい指の動きと感覚を要求しますから、手指をよく使わせ、指先の器用さと感覚をみがかせておく必要があります。

　指導するときは、ある程度大きめのボタンがついた服を使います。留める個所は、上・中・下の3カ所くらいがよいでしょう。

　また、服の布地は、綿のワイシャツのようなものではなく、多少伸縮性のあるやわらかいものを選び、本人にその服のそでを通させてから指導します。

　このボタンかけの動作こそ、典型的な目と手の協応動作です。スナップと同様に、真ん中から下のボタンの方がかけやすく、上にいくにしたがってむずかしくなります。かけようとするボタンとかがり穴が見えなくなるからです。

　理屈ではなく、体験の積み重ねが重要なのです。

◆ボタンのかけ方、はずし方

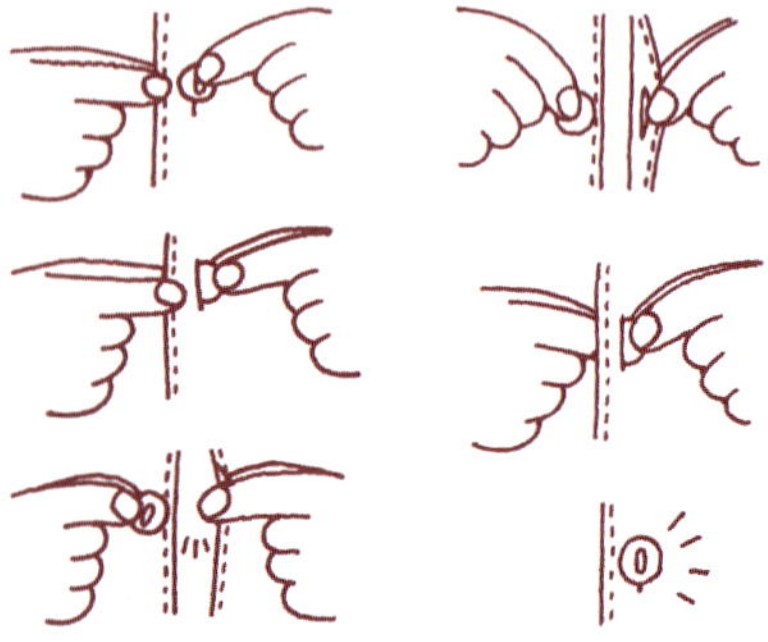

15 ひも・リボンを結ぶ

ひも・リボンなどを結ぶ動作が苦手な子どもが増えています。小学校では、ほとんどの子どもがマジックテープで留めるくつを履いています。たまにひもぐつなどを履いてくると、ひもがほどけたときなどは自分で結ぶことができず「結んで」といって持ってきます。

ハチマキ、タスキ、バンダナを結べない

運動会では、ハチマキ・タスキ・バンダナなどを結ばなければなりませんが、結ぶことができず、「やって、やって」の大混乱。友だちや先生に手伝ってもらいます。

「結べた！」の叫び声で振り返ると、固結び。チョウチョ結びやリボン結びのできる子どもは、どのくらいいるのでしょうか？

給食袋のひもも同じです。ほどけるとやはり自分で結ぶことができず「結んで！」と持ってきます。

流行服なのに

ファッションや流行を追った衣服を着る子どもたちが増えています。そのような衣服には、おしゃれでかわいらしいリボンがついていたりします。

ところが、それがほどけても自分で結ぶことができず、やはり「やって」と頼みにきます。

生活科の学習場面

小学校では「生活科」という授業があります。生活科では、ひもやリボンを結んだり、ボンドで貼りつけたり、穴に糸を通したりと、手作業の多い学習をします。

家庭生活で経験してきたことが大いに役立ちます。逆に経験が少ないと学習の進行も遅れがちになります。

子育てのポイント

●とにかく経験させるのがいちばん

ひも結びの練習は、是非ともご家庭で経験させてください。「かわいい子には、経験させよう」です。とにかく結ぶことを経験させ、慣れさせることです。

ひもぐつ、ひものついたワンピース、なわとびのひもなど、ひものついた衣服や遊び道具を与えて、ひも結びをたくさん経験させます。

●大人が手本を見せる

大人がしっかりと手本になって、ひもの結び方を子どもに見せ、あせらずに教えていくことが大切です。そして、子どもがはじめて正しく結べたときはうんとほめてやりましょう。

●日ごろから手作業の経験をさせる

また、家庭生活での経験は、小学校での子どもの学習の進み方に大きく影響します。子どもたちが学習にとまどうことなく、スムーズに楽しく取り組めるように、日ごろから手作業の経験をできるだけさせてやりたいものです。

◆ひもの結び方（ちょう結び）

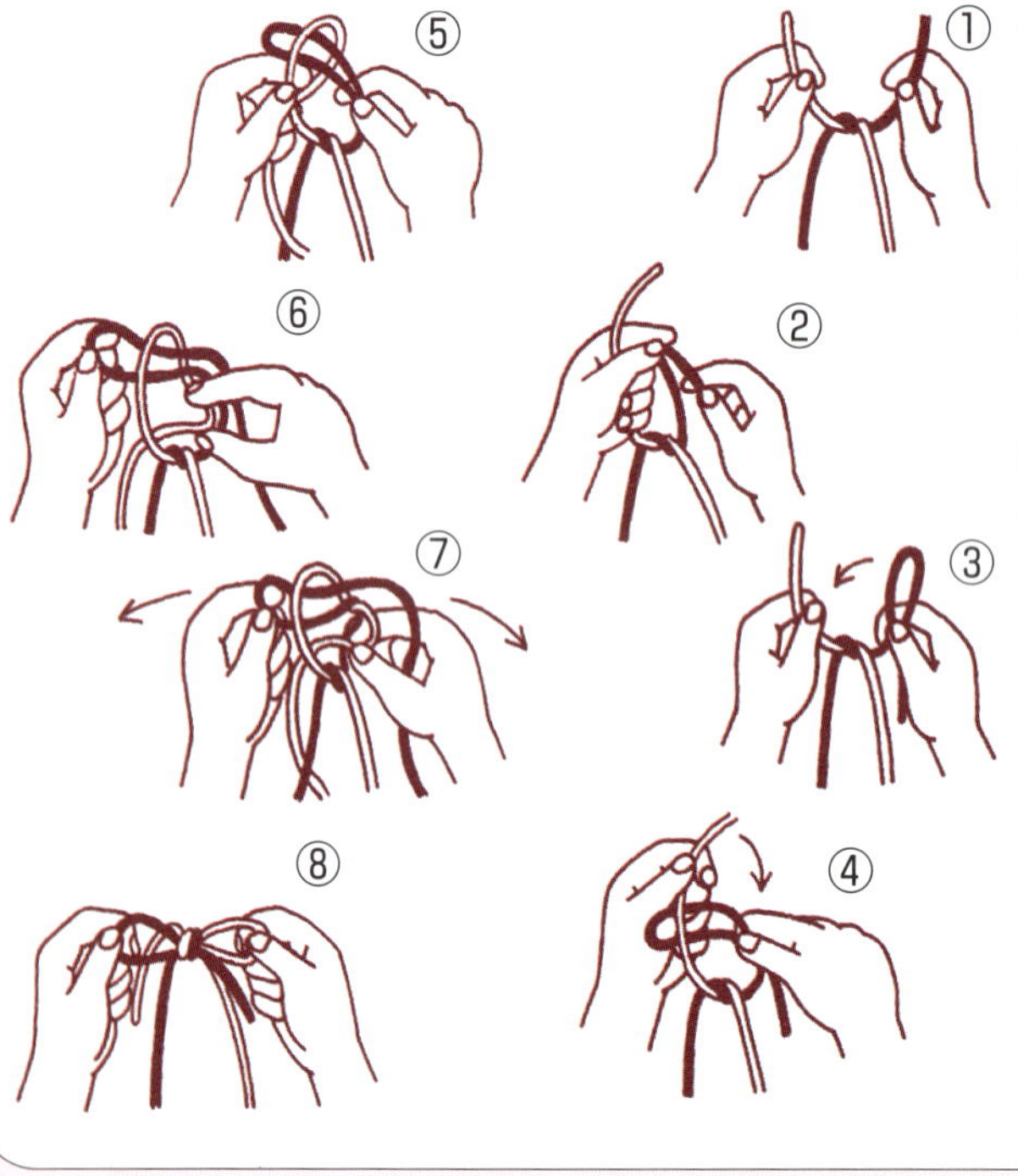

16 ハンカチ・ちり紙を身につける

クラスで「ハンカチ・ちり紙を持ってきましたか？」と尋ねてみました。手をあげた子どもは半分。ハンカチを身につけている子どもは女の子に多く、男の子の少なさが目立ちます。ちり紙ではぐんと人数が減ってしまいます。

どのトイレにも手ふき用の紙がある

最近、デパート、スーパー、コンビニエンスストア、行楽地など、外出先のあらゆるトイレに、手ふき用の紙や布、あるいは乾燥機が備えつけられていて大変便利になりました。

ハンカチやちり紙を持っていなくてもすんでしまうのです。それだからなのか、ハンカチ・ちり紙を持たないで登校してくる子どもが多くなりました。

ハンカチを持っていないため手を洗わない

どの子どもも、「昼食（給食）前には手を洗うもの」ということを教わってはいるようですが、「面倒だな」「ハンカチがないや」などの理由から、実際は「手を洗ってきましょう」といわれないと、洗いにいかない子どもが多いのです。なかにはいわれても「面倒だから」とそのまま洗わずに給食を食べてしまいます。

トイレに入った後でも同じです。冬場はとくに「寒いから」「面倒だから」「ハンカチがないから」と、手を洗わずに平然とトイレから出てきます。

流行重視でポケットにハンカチが入らない

ファッションや流行を取り入れた服を身につける子どもが多くなりました。そのような服には、実際にはハンカチやちり紙が入らない、「飾りポケット」がついていることもあります。
ちゃんとポケットがある服を着ていても、ポケットが膨らむと格好が悪いらしく、ハンカチ・ちり紙を常備している子どもは多くありません。

いざというときに命を守るハンカチ

小学校では、避難訓練があります。火事・地震の場合いずれも「煙りやほこり」を直接吸い込まないようにするために、ハンカチで口や鼻を覆うよう子どもたちに指導します。

災害は、いつ起こるか分かりません。いつでも自分の身を守れるように、ハンカチは必ず常備させたいものです。

鼻血が出たとき

教室で、ある子どもが突然鼻血を出したことがありました。周りの子どもたちは大あわて。本人はちり紙を持っていなかったので、友だちが自分のちり紙を急いで渡しました。

この子どもは友だちがいたので助かりましたが、もしひとりだったらどうしたのでしょう。ハンカチやちり紙は、病気やけがのときにも大変役立つのです。

子育てのポイント

●親がお手本を見せ、注意をうながす

ハンカチやちり紙は親がいつでも持ち歩き、お手本を見せましょう。そして、毎朝学校へ登校する前には、子どもがハンカチ・ちり紙を持ったかどうか確認して、持っていなければ持たせましょう。

もちろんこれは、子どもの手本としてだけでなく、大人自身にとっても、とても大切なことです。ハンカチやちり紙は、衛生面だけでなく、命を守るためにも欠かせないものなのです。

災害は忘れたころにやってくる、といわれます。いつ起こっても自分で自分の命を守れるように、ハンカチ・ちり紙を常備させましょう。

17 くつをきちんと履く・脱ぐ

小学校では、集団生活に早く慣れさせるため、入学して最初の3日間で、くつの脱ぎ方、くつ箱への入れ方、履き方の指導をしていきます。ところが、学校生活に慣れてくるころには、上履きやくつのかかとを踏んで、サンダル感覚で過ごす子どもが出てきます。上履きに履きかえた後、脱ぎっぱなしのくつを見ることもあります。

マジックテープのくつは履きやすい

小学校ではひもぐつを履くより、マジックテープのくつを履く子どもが多くなりました。低学年になるほどその傾向が顕著になります。マジックテープのくつはひもぐつほど面倒でないため、履いたり脱いだりは、すぐできるようになります。

ファッションや遊び心重視のくつが増えた

飾りの多いくつ、ファスナーやマジックテープのついたくつ、厚底のくつなど、ファッションや流行を追ったくつ、あるいは、靴底にローラーがついたくつなど、遊びの機能を兼ね備えたくつで登校してくる子どもも多くなりました。

そうしたくつは、急に止まれなかったり、転んでけがをしたりする可能性があり、学校に履いてくると、ときには危険なこともあります。時と場合をわきまえ、学校には安全なくつを履いてきて欲しいものです。

くつひもを結べない

休み時間、子どもたちは上履きからくつに履きかえ、元気に外へ遊びに出ます。

しかし、くつひもを結べない子どもは取り残されてしまいます。友だちに「早く」と急かされて、ひもを結ばないまま飛び出していってしまいます。

かかとを踏んで歩く

新学年・新学期のはじめのあいだ、子どもたちは緊張したようすで過ごします。

ところが、新生活に慣れるにつれ、くつのかかとを踏んで歩く子どもが出てきます。

子どもたちの「慣れ」がかかとに表れるようです。

くつをきちんとしまえない

くつのしまい方は悩みの多いところです。新学期が過ぎて学校にもだいぶ慣れてきたころ、よくくつ箱の下の床に脱ぎっぱなしのくつを見かけます。

夢中で遊んだ後、今度は教室へ向かうことに頭がいっぱいになり、目の前のことを忘れてしまうようです。

あるいは、日ごろから家庭でくつ箱にくつを入れる習慣がなく、つい家と同じように置いたままにしてしまうのかもしれません。

くつ箱を見ると、かかとがきちんとそろっているくつ、形はどうであれ、とにかく両足とも入っていればいいという感じで向きがばらばらになったくつ、しっかりと奥まで入っていず、くつ箱からいまにも落ちそうなくつ、とさまざまなくつのしまい方をしています。

身体計測で自分のくつが見当たらない

小学校では、身体計測があります。身長や体重を測るときは上履きを脱がなければなりません。このとき、日ごろからくつをきちんと履いたり、脱いだりしているかどうかが分かってしまいます。きちんと脱げない子どもは、脱いだ上履きが見つからず困っています。クラスのみんなにも迷惑をかけてしまいます。

くつのサイズが合わない

くつのサイズが合わないためにくつのかかとを踏んで歩いたり、脱げそうになって転んだりする子どもがいます。

くつのサイズが小さいと、いつもかかとを踏んで歩くので、かかとに折り目がついてしまい、よけいに履きにくくなってしまいます。

一方、くつのサイズが大きすぎると運動をする際くつが脱げやすくなり、大変危険です。

子育てのポイント

●くつのしつけで家庭のしつけがわかる

くつを「履く」「脱ぐ」のしつけは、昔から、よその家へおじゃましたときなどに、家庭でのしつけの具合がよく表れるところといわれています。

くつは、手でくつのかかとの横を押さえながら脱ぎます。

脱いだくつは、つま先を玄関先に向け、左右をきちんとそろえておきます。

くつを履くときは、つま先を入れた後、指でくつのかかとを引っ張りながら履きます。

普段、脱ぎ・履きが乱暴だと、訪問先でもつい、いつものくせが出てしまうものです。

くつのしつけは、しっかり身につけさせましょう。

●くつのサイズに気を配る

子どもたちは成長が早いので、つい大きめのくつを買ってしまうようです。また、お下がりを履かせるときも、まだぶかぶかのくつを与えがちです。

しかし、サイズの合わないくつは、子どもの日常生活に悪影響を与えることがあります。

かかとをくつのかかとにしっかりつけた状態で、つま先に1センチくらいの余裕があるのが理想です。

◆くつのサイズの選び方

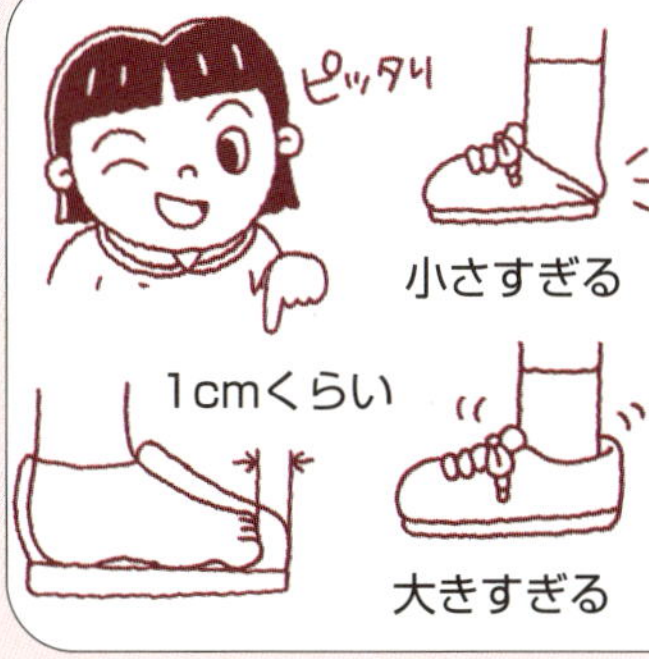

18 体を洗う

子どもは新陳代謝が活発で、一日中活動をしていると汗やほこりで体が汚れます。外から帰ったら、お風呂に入り、汚れを落とすとよいのですが、耳や首のうしろ、手足などの汚れがしっかりと落ちていない子どもがいます。

体の洗い方を知らない？

小学校では、高学年になると、親元を離れて宿泊体験をする「移動教室」「林間学校」というものがあります。

そこで子どもたちがお風呂に入るようすを見ていると、タオルを持たないで入る子どもや、いま入ったかと思うと5分くらいで出てきてしまう子どもがいます。

そういう子どもたちに家でどのようにお風呂に入っているのかと聞くと、「家ではシャワーなので体はさっと洗うだけでタオルは使わない」という返事が返ってきました。

もちろんシャワーでもよいのですが、タオルに石けんをつけて体をこすって洗わないと汚れは落ちません。

友だちに不快感を与える

体や髪の毛をしっかりと洗わないと、だんだん体がにおったり髪がベトベトしたりして周りの人に不快感を与えるようになります。すると、今まで自分の周りにいた友だちも離れていってしまいます。

体を洗わないと風邪を引きやすくなる

体の汚れをしっかり落とさないと、体のアカなどの老廃物が皮膚の毛穴にたまって体温調節が十分にできなくなり、風邪などの病気にかかりやすくなります。

子育てのポイント

●親子でお風呂に入る

清潔の習慣のひとつである体を洗うという行動は、しなくても命が脅かされるものではないので、だれかが教えないと身につけることができません。そこで、低学年まではなるべく親子でお風呂に入り、ひとりで洗えるようになるまで、親が体の洗い方を教えることが大切です。

●体の洗い方をマスターする

はじめのうちはひとりではできませんが、親がモデルとなってやって見せれば、子どもはそれをマネしながら、徐々に身につけていきます。子どもには、小さなときからきちんとした方法を教えなければいけません。

◆体の洗い方

●腕

肩から指先まで、上下にこすりながら洗う。上腕部の裏側から背中にかけては、腕を体に巻きつけるようにすると洗いやすくなる。

●おなか・胸

両手でタオルを持ち、おなかは円を描くように、胸は上下に動かして洗う。

●足

かがんで、片足ずつ太ももから足首に向かって上下に洗う。

●背中

縦半分に折りたたんだタオルを、体の後ろで斜めに持ち、背中に押しつけながら、上下に引っぱり合うように洗う。

19 自分の持ち物を自分で管理する

小学校では、教科書のほかにも、体操着、給食着などの着替え類、粘土、習字セット、絵の具セットなどの学習道具類、ドリル、学習帳類などの教材類と、使用する持ち物はたくさんあります。教室の収納スペースには限界があり、何でも保管しておくことはできません。学校に常に置いておく物や、週ごと、あるいは毎日持ち帰る物があり、自分の持ち物を上手に管理できないと、学校での生活に支障が出てしまいます。

ランドセルの中身は大丈夫？

「学校からのたよりが少ないのですが」「テスト用紙が返ってきません」という保護者からの問い合わせがあります。その子どものランドセルを確認すると、ランドセルの底で折れ曲がっていたり、物入れに入れたまま忘れていたりしたプリントがたくさん出てきます。

体操着が見つからない

体育の時間は、体操着に着替えます。決められた場所に置いてあるはずなのですが、いつの間にか床に落ちてどこかにいってしまうこともあり、自分の体操着を見つけられない子どももいます。

汚れても持ち帰らない

また、汚れたら持ち帰っ

てきれいな物と交換するとよいのですが、管理が上手にできず、いつまでも汚れた物を着ている子どももいます。

学校からの連絡が途絶え、忘れ物が多くなる

子どもや家庭に知らせたい大切な内容は、連絡帳に記入させたり、プリントにして配ったりします。しかし、連絡帳には記入忘れや記入漏れが発生します。

低学年のうちは、しっかり記入できているか一人ひとり確認しますが、学年が進むにつれて子どもに任せていきます。

中学年・高学年になっても連絡帳にしっかりと記入できないと、家庭に大切な連絡が伝わらなかったり、忘れ物が多くなったりしてしまいます。

学習道具が使用できなくなる

子どもにとっては、たまに使用するだけの道具を管理することはむずかしいようです。

習字セットなどは、墨汁のふたが開かなかったり、筆が固まっていたりして、使用できなくなっていることがあります。

教室や廊下を汚してしまう

墨汁のふたをきちんと閉めることができず、墨がこぼれ落ち、廊下や教室を汚してしまうことがありました。

ほかにも、机やロッカーから絵の具や粘土が落ち、それを踏みつけてしまうなどして、周りの子どもが迷惑することがあります。

子育てのポイント

●物を大切にする心を育てる

家庭でも、子どもの持ち物にはすべて名前を記入し、自分の持ち物としての意識を高めていくようにします。

たとえば、歯みがきができるようになったら、子ども用の歯ブラシとコップをそろえ、子どもの名前を書き、自分の物として愛着心を持たせるようにします。

●おもちゃ箱の整理整頓からはじまる

おもちゃを使って遊びはじめたら、おもちゃ箱を置いておく場所を決め、「遊んだら片づける」ということを、子どもにくり返しおこなわせます。

ただ、子どもの手に負えないくらい散らかしていたり、遊び疲れていたりすると、後片づけをやらないことがあります。

そんなときは少々手伝ってやりますが、全部片づけてしまわずに、最後は必ず子どもにさせましょう。

●子どもの持ち物を点検する

低学年の子どもは、持ち物の管理を十分にできません。

保護者は、筆箱の鉛筆が減っていないか、教科書はそろっているかなど、子どもの学習道具を点検したり、学校からプリントや連絡がないか聞いたりして、機会あるごとに、持ち物の管理に注意を向けさせます。

●手入れをして、元通りにすることを教える

トイレを使ったら水を流す、マジックペンを使い終わったらキャップをする、雑巾でふいたらそれを洗っておくなど、物を使い終わったら、元の場所に、元あった通りに戻しておけば、自分やほかの人が次に使うときに困らなくてすむということを、家庭での生活全般を通して、くり返し教えます。

メモ　軽度発達障害

ＡＤＨＤ（注意欠陥・多動性障害）、アスペルガー症候群など、「軽度発達障害」についての科学的な研究が、近年、飛躍的に進みました。何度いっても、持ち物の管理や整理をできない場合などは、各地域の教育相談所や、専門家の診断を受けられることをおすすめします。もし、軽度発達障害と診断されても、適切な指導により症状が改善されることは少なくありません。

20 使った物を机のなかに整理する

小学校に入ると、一人ひとりに一年間使用する学習机、椅子が割りふられます。学校で使う個人の教科書類、ノート類、筆記用具類、学習用具類などは、机のなかに整理して入れておき、必要に応じて出し入れします。机の収納スペースはそれほど広くありませんので、上手に整理整頓しなければなりません。

机の上が散乱している

授業が終わり休み時間になると、多くの子どもは次の時間の準備をはじめます。

しかし、なかには遊びに夢中になり、鉛筆、消しゴム、前の授業のノートなどが、机の上に散乱したままの子どもを見かけます。

机のなかを整理する

机の引き出しのなかには、教科書やはさみ、のり、定規などを収めた道具箱を入れます。机の引き出しは狭いので、限られた空間を上手に使って収納しないとはみ出したり落ちたりするので、困ります。

授業がはじまっても学習の準備ができない

授業中、学習で使うものを友だちから借りる子どもがいます。授業がはじまっても教科書やノートが用意できなくて、机のなかを探していて、勉強にとりかかれない子どもがいます。

授業では、いろいろな学習道具を使用します。教科書はもちろんのこと、プリントや鉛筆、消しゴム、定規類を決められたところにいつも置くようにします。

教室は意外に狭い

机の周りを乱雑にしておくと、机の脇にかけてある道具袋や給食袋に引っかかったり、落ちた物につまずいたりして危険です。

教室の広さはおよそ70平方メートルありますが、そのなかに30〜40人の子どもが生活します。広いようで狭いのが教室です。

子育てのポイント

●幼児期から遊び道具の整理整頓に心がけさせる

積み木やブロックなどの遊び道具を使って遊んだ後は、それを入れてあった箱にきちんと戻すよう、くり返し教えます。そして、部品がひとつでもなくなると困ることを教えます。

●家庭の学習机の整理整頓をする

入学に合わせ、多くの家庭で子どもに学習机等を用意するようです。入学してからの長い年月のあいだ、「自分の城」として使う大切な場所になります。

学習机を機能的に上手に使うためには、机の引き出しの使い方や整理の仕方をきちんと教えることが大切です。

学習机にはたくさん引き出しがありますが、どの引き出しに何を入れるのがよいか教えます。

家庭では、散らかしても困るのは本人だけですが、学校ではみんなが困ることがあるのです。

◆学習机の使用例

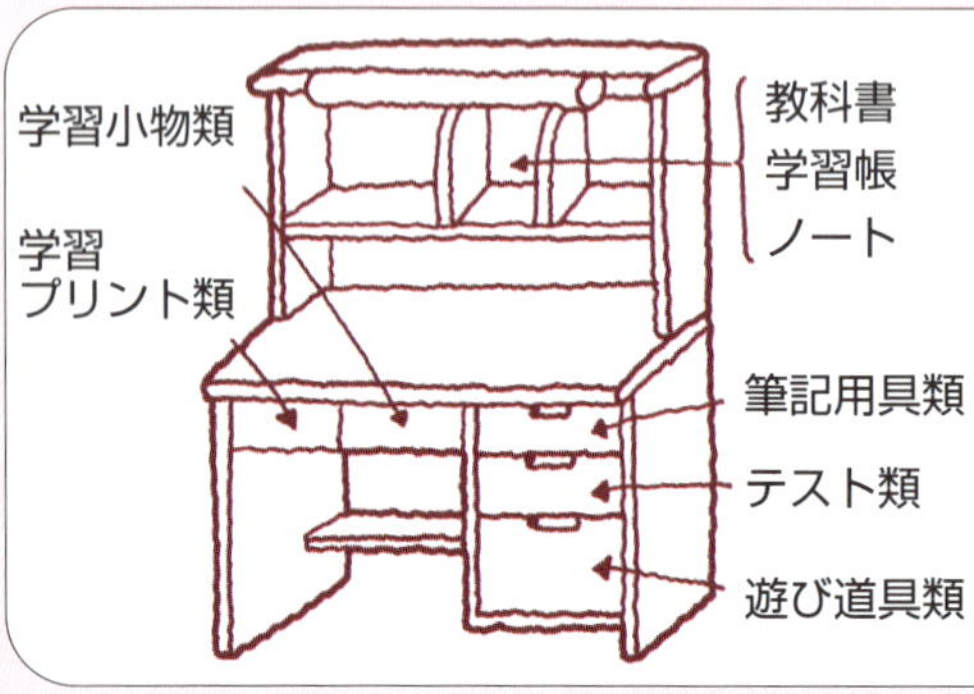

21 学習時間割通りに用意する

子どもたちは、学習時間割通りに教科書類をそろえて登校します。そして、持っていったほとんどの物は、その日が終わればまた家に持ち帰ります。家庭で学習や宿題をするためです。毎日のことなので、習慣化されていないと、忘れ物によって十分な学習ができなくなってしまいます。

授業を受けられない

教科書、ノート、学習資料などを忘れる子どもが増えています。数人くらいであれば予備のもので対応できるのですが、たくさんの子どもが忘れると、忘れ物によってその時間、十分な学習ができなくなってしまいます。

授業が遅れる

授業時間がはじまっても、教科書忘れ、プリント忘れなどへの対応で、授業の開始が遅れることがあります。担任の教師は忘れ物をする子どもがいることを予想して、持ってくる物を前もって確認したり、忘れ物をしないよう注意したりするなど、それぞれ対策を考えますが、それでも忘れ物が減らないのが悩みです。

学習に関係のないものを持ってくる

流行のゲームやカードを学校に持ってくることに気をとられて、肝心な学習道具を忘れてしまう子どもがいます。

学習意欲が低下する

教科書、ノートをくり返し忘れると、それがあたり前になり、平気になってしまいます。それでは学校は「勉強しにいく」ところではなく、「ただいく」ところになってしまいます。

周りの子どもの妨げになる

教科書を忘れても、となりの子どもに見せてもらえます。しかし、お互い思うようには見られず、見せてくれた子どもには迷惑をかけることになります。

また、消しゴムや色鉛筆などを忘れれば、貸し借りのなかでトラブルも起きやすくなります。

結果的に、学習に集中できなくなってしまいます。

友だちから信頼されない

忘れ物をくり返していると、友だちから嫌がられます。だらしない子ども、いい加減な子どもとして見られ、友だちから信頼されなくなってしまいます。

子育てのポイント

●持ち物を一緒に確認する

小学校入学当初は、忘れ物をすることは、子どもにとってとても辛いものです。持ち物の数も、幼稚園、保育所のときよりも多種多様になるので、まだまだ保護者の支援が必要です。

毎日決まった時間に、次の日に持っていくものを、子どもとともに確認します。ひとりでできるようになってきたら、だんだんと関わりを少なくしていきます。

●机を整理整頓する

子どもの学習机の周りが整理整頓されていることが大切です。忘れ物が多く、学習用具がそろわない子どもは、決まった場所に保管しておくことができない子どもです。学習に関係ないものが混じっていないかも、ときどき点検することが大切です。

●子どもの忘れ物は学校に届けない

子どもの忘れ物に気づき、それを学校に届けにくる保護者の方がいらっしゃいます。忘れ物をした子どもをかわいそうに思うのは親として当然ですが、そこはぐっと我慢して、代わりに、子どもの自立をうながすはたらきかけをしましょう。

たとえば、子どもの誕生日や年のはじめなどの節目に「今年こそひとりで学校の準備をできるように頑張ろうね」とことばをかけるなど、子どもを励まし、勇気づけ、そしてときには戒めることが必要です。

＊　＊

22 自分の名前を読む

集団生活のなかで、自分の持ち物と他人の持ち物の区別をつけることはとても大切です。小学校入学後、実際の文字指導がはじまるのは、5月ごろからです。就学前までに、自分の名前だけはひらがなで読めるようにしておきましょう。「ひらがなで書かれた自分の名前を読む」ということは、就学説明会などで渡されるしおりのなかにも必ず入っている項目のひとつです。

ひらがなの名前シールで持ち物を区別する

自分の机、ロッカー、壁にある物かけのフックなどには、すべてひらがなの名前シールがつけられています。子どもたちは、このシールを見て自分の物かそうでないかを判断します。現状では、ほぼ全員が自分の名前を読めるようになって入学してきているようです。

友だちの名前はフルネームで覚えよう

「私のプリントがない！」という子ども。探してみたら、別の子どもが持っていました。実は、ふたりとも「みさき」さん。

「先生、ゆうたくんが泣いているよ」

「あら大変、うちのクラスにはゆうたくんがふたりいるけれど、どちらのゆうたくん？」

「えーっと、背の高い方！」

「名字は？」

「ゆうたくん！」

園での生活では、名字より名前で呼び合うことが多いのではないでしょうか。意外に友だちの名字を知らないこともあるのです。友だちの名前をフルネームでおぼえられると、自然にその字も読めるようになっていくようです。

子育てのポイント

●字を読めることが自信につながる

就学前に字を読めることは、新しい環境に入っていく前の子どもにとっては、大きな自信になります。できるだけ、字に対する抵抗をなくしておいてやることが大切です。

●「カルタとり」遊びで楽しく文字に接する

字を教えようと大人がかまえることは、子どもにとっては逆効果です。遊びのなかで自然に読めるようになっていくよう、工夫しましょう。

たとえば「カルタとり」。最初は絵を見ながらカルタとりをします。子どもが好きな絵のカルタを選びましょう。

くり返し遊んでいくなかで、子どもは最初の「音」に気をつけるようになります。こうなってきたら、読み手が「ゆうたの『ゆ』！」と読み方をかえるのです。子どもは絵で探していたのが、文字に着目しはじめます。

このとき、子どもの発達段階に合わせてカードの数を減らしてもよいと思います。

また、カードをあいうえお順に並べて遊んだり、好きな食べ物をいって、その字を探したりしながら親子で遊ぶのもよいでしょう。

●自分の名前のひらがなを探す

自分の名前をひらがなで読めるようになったら、そのひらがなを身のまわりで探させてみましょう。あちこちの看板を声に出して読めるようになり、子どもも自身の楽しみも広がります。

また、漢字にも興味を持つようになったら、「漢字だからまだ読めなくていい」といわず、自分の名前の漢字も書いてやるとよいでしょう。子どもの「知りたい」という気持ちをつぶさないようにしましょう。

●名字と名前があることを教える

園で出欠をとるとき、少なくとも年長児クラスでは名字で呼びましょう。そして、子どもに名字のあることを意識させていきます。

自分の名前の姓名がしっかり分かるようになると、「さとう」と「さいとう」のように、ひらがなで書くと似ている名字があることや、同じ名前を持つ人もいることに気づくことができるでしょう。

23 自分の名前をひらがなで書く

前章で「ひらがなで書かれた自分の名前を読む」ということについて述べました。ここでは「ひらがなを書く」ということについてです。文字が読めるようになると「字を書きたい」と自然に思うようになります。そのなかでまず「自分の名前を書ける」ようにしましょう。

小学校での文字指導

前章でも述べたように、入学後、実際にひらがなの文字指導がはじまるのは、5月ごろからです。しかし、正しい鉛筆の持ち方を練習するために、ジグザグや曲線をなぞったりするプリントや、好きな絵を描いたときの画用紙には、どうしても自分の名前を書くことになるのです。

もちろん、まだ文字指導がはじまる前ですから、正しくきれいに書くことは必要ないのです。ただ、それが自分の物という目印になるわけです。

ひらがなを練習する園もある

ここ最近では、だいたいの子どもがある程度の数のひらがなを書けるようになって、入学してきます。

園によっては、年長クラスになるとワークブックなどを使ったひらがなの練習が、カリキュラムに入っているようです。ひらがなを書く練習をすることで、一年生になるという自覚をうながすような目的もあるのでしょう。

ただ、ひらがなの練習といっても、実際は鉛筆を使うことに慣れる程度で、一人ひとりにきちんとした文字の形を指導している園は少ないと思います。

小学校ではひらがなの正しい形と書き順を意識する

小学校では、五十音のひらがなのなかから、「し」や

「い」など画数が少なく簡単なものから順に指導し、正しい書き順と形を意識させていきます。

「知ってる！」「書ける！」という子どももいますが、「もう一度正しく覚えようね、かっこよく書けるようになろうね」などと励ましながら指導します。

意外な落とし穴

ひらがなの学習は、ひらがなを書ける子どもたちにとっては新鮮味のないもののようです。

しかし、就学前の子どもにひらがなを書かせることには、意外な落とし穴があるのです。それは、「鉛筆の持ち方」です。

「ひらがなは全部書けるよ」と、胸をはっている子どもたちのなかには、「どうしてその持ち方で字を書けるのか」と思うくらい不思議な持ち方をしている子どももいます。一度ついてしまった癖はなかなか直らないので、入学後、鉛筆の持ち方で苦労している子どももいます。

「何事も最初が肝心」といいますが、鉛筆を使いはじめるときには、きちんとした指導が必要です。

鉛筆の正しい持ち方については第10章で詳しく解説してありますので、そちらを参考にしてください。

子育てのポイント

●名字と名前のあいだをあけてなぞり書き

子どもに名前を書かせるとき、はじめは親が正しく子どもの名前を書いてやり、その上から字をなぞり書きさせます。

このとき、姓と名を意識させるため、名字と名前のあいだを少しあけましょう。

●筆順をしっかり教える

ポイントは、筆順を正しく教えることです。子どものようすに合わせ、一文字ずつでもよいのです。筆順を分かりやすくするために、一画めは赤、二画めは青、三画めは緑など色分けした字をなぞらせるのもよいでしょう。

「書き順はどうでも、とにかく形になればよい」というのだけはやめましょう。最初が肝心なのです。

筆順をおぼえたら、今度は点線の文字を書いてやり、それをなぞらせます。

●形のよい字は入学してから

就学前までに、正しい鉛筆の持ち方を身につけ、筆順が分かり、なんとか字の形になっていたら十分です。五十音がすべて書けなくてもよいのです。最低でも自分の名前が書ければ、自分の持ち物に名前を書けるのですから。

小学校でも形のよい字にするのに一年間かけていくのです。あせって、子どもが字を書くことに自信をなくしてしまうことのないようにしてください。

＊　＊

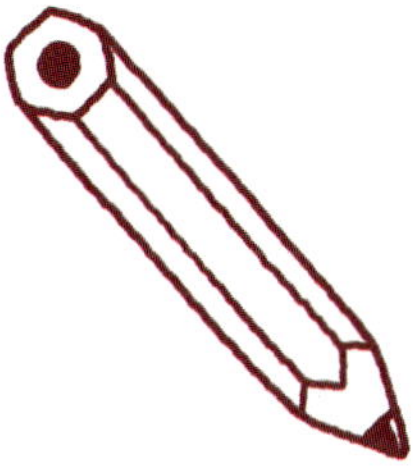

24 数が分かる

入学前の保護者説明会では、校長先生などから「数については、入学してから学習しますのでご心配なく」といわれます。でも、みなさんそれで大丈夫かなと思われることでしょう。新入生を担任する教師からすると、半分は本当で、半分はちょっと違うかなというところでしょうか。大切なのは「数の意味が分かる」ということなのです。

「数」って足し算や引き算のこと?

「先生、ぼく足し算できるんだよ」と入学早々にいってくる子どもがいます。「2足す3は5」なんて、得意げに教えてくれます。「すごいね。それじゃあ、机から、カードを5枚持ってきてくれる?」と頼むと、「ハイ」と元気にいって、持ってきた手にはカードが6枚、なんてことがあります。

「数」とは抽象概念

きっとこの子どもは、頑張って覚えたのでしょう。でも往々にして、足し算として理解しているというよりも、ただ式と答えを記憶しているだけということがあります。数とは、5本の鉛筆も、5個のりんごも、5匹の犬もすべて「5」として表すというような抽象概念なのです。

1年生の算数の内容

足し算を学習するのは、6月ごろからです。それも答えが10以内の数だけです。答えが10以上の足し算や引き算は2学期以降に学習します。4、5月は、抽象概念としての数を、ブロックなどの具体物を使ったりして理解することに費やされます。いわば基礎の基礎。これは昔もいまも同じです。みなさん、おぼえていらっしゃいますか？

ボクもう分かってるから

かんたんな足し算や引き算をすらすらできるという子どもは、4、5月ごろの学習は、「もう分かっているからいいや」とあまり身を入れて学習しないことがあります。

でもこのころは、「10」という数を意識させるために、ブロックなどを使っていろいろな作業をおこないます。この作業は、10のかたまりが10集まると、１００のかたまりができる、というような「位取り」を意識させる学習へつながっていきます。また、「くり上がり」や「くり下がり」の学習の基礎にもなります。

単に記憶として足し算を覚えているだけの場合、学習が進むにつれて、子どもがとまどってしまうことがあるのです。ですから、就学前に算数のお勉強をやりすぎるのは、少々考えものです。

「2」ってなあに？

反対に、「君は2組だよ」といわれても、「2」が読めなくて自分のクラスが分からないという子どももいます。いまは、各クラスごとに色分け指定がされている場合が多いので、迷ってしまって自分のクラスにたどりつけない、なんてことにはなりません。

ただ、生活のなかで数にふれるという経験がまったくない子どもの場合、急に出てくる数の基礎学習にとまどってしまいます。

ですから、就学前になっても数に対してまったく関心がないというのも少々考えものです。

子育てのポイント

●算数教育ではありません

子どもは成長の過程で、文字への興味と同様に、数に対しても興味を示しはじめます。

子どもの興味にそって一緒に話しながら、生活のなかで数にふれさせていくことがいちばん大切です。マニュアルを探して、算数を教えるというような気持ちを持たない方が、親にとっても子どもにとっても自然でよいでしょう。

たとえば、「どっちが多いかな」と聞く場合もあれば、「リンゴを3個持ってきてくれる」などと頼む場合もあるでしょう。

どちらにしても、子どもの答えや行動にしたがって、次のステップに進みます。

大切なことは、聞いたことに子どもがしっかりと答えられたら、笑顔でほめてやることです。すると、子どもは次々にいろいろなことを聞いてきたり、行動したりします。

それに対応しながら、生活のなかで自然に数を意識できるように教えていき、1から10ぐらいまでの数が分かるようになればいいですね。間違った順番でおぼえてしまうと後が大変ですので、かんたんに教える程度で結構です。さらに大きな数は、子どもと入浴中などに暗誦してみてもよいでしょう。

数字を書くのは、本人が興味を示してからにしましょう。

●計算式よりことばを豊かに

数に関係することばはたくさんあります。実物を目の前にしながら、「リンゴ1個と2個を合わせると何個になるかな?」「3個!」「すごいわね」と、こんな会話ができれば、「1足す2は3」なんていえるよりずっといいですね。

「みんなで」「集まると」「増えると」「減らすと」など、数に関係することばはたくさんあります。

実はこれらは、算数的な考えの表現でもあります。つまり、生活のことばのなかに、すでに算数が入っているのです。

したがって、子どもの生活のなかから、無理に数だけをとり出して、算数として教える必要はないのです。学校に入学すると嫌でもつき合わなければならないのですから。

就学前は、算数の要素を含むことばにふれながら、自然に数への興味関心を持たせていくことが、むしろ大切なのです。

25 左右が分かる

教師の特技のひとつに、「ラジオ体操を左右逆におこなう」というものがあります。子どもたちと向き合って一緒におこなう場合、子どもたちから見て同じ向きになるように、体を動かさなければならないからです。でも、右といわれて左を動かすのは、慣れが必要です。同様に子どもにとって、左右を理解するのは結構大変なものです。

くつを左右逆に履いてしまう

大人にとっては容易なことでも、子どもにとってはむずかしいのが、左右の問題です。よくあるのは、くつを左右逆に履いているような場合。子ども心に何となく変だなという感覚はあるようですが、まさか靴が左右逆だとは思いもよらないようです。

それでも、このように左右がはっきり決まっている場合はだんだん慣れてくるものですから、まだいいのでしょう。

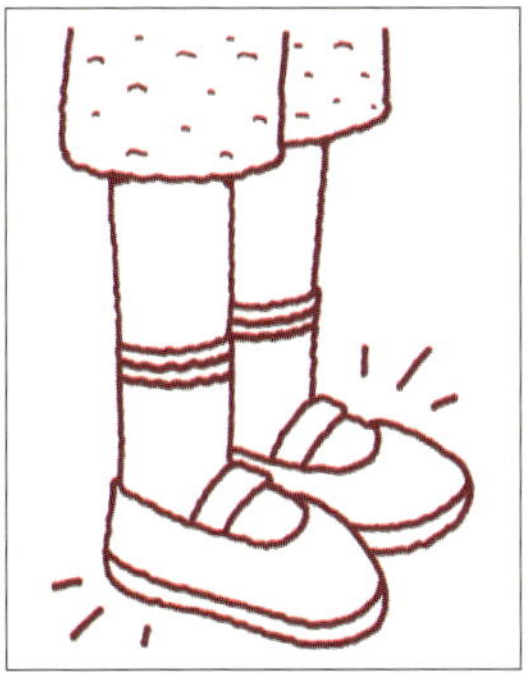

相対的な位置関係としての左右はもっとむずかしい

教師は、よく黒板の両端に「左」と「右」と書いたカードを貼って、子どもたちに左右を教えます。

ところが問題は、子どもが黒板を背にすると、左右の向きが普段とは逆になってしまうことです。左右は、東西南北などと違って、見る向きや基準によって、位置が変化します。これがむずかしいようです。

鏡のなかの自分も右手をあげる？

よく考える子どもの方が混乱する場合もあります。自分が鏡に向かって立つ場合と、ほかの人と向かい合って立つ場合の左右の違いをくらべて、首をひねっていました。

鏡に向かって右手をあげた場合、鏡のなかの自分も、右手をあげます。しかし、向かい合ったほかの人が、鏡の自分と同じ側の手をあげるとすると、それは左手をあげることになります。

この子どもは、鏡像と左右の相対性をくらべて混乱してしまったのです。

たしかに、小学校低学年の子どもには、理解しづらいのかもしれません。

集団行動での左右に関する指示

学校では集団で行動しますので、左右に関係した指示も出されます。左右の向きの基本が分かれば、右手をあげてとか、左の方を向きましょうなどという指示には慣れていきます。

子どもがなかなか左右を理解できないということは、教師もよく知っていますので、慣れるまで、根気強く教えることになります。

基準が変わると

ところが、「男の子は女の子の右側に」というように、左右を考える基準が自分ではなくなると、少し混乱して、ほかの子どもを見ながら行動したりします。

そして先頭の子どもが間違えると、その列がみんな間違えることもあります。

教師もそれを承知で、いつもは身振りでこちら側と示しながら指示を出すのですが、それがないと、こんな騒動になってしまいます。

右なのに左？

極めつけは、冒頭のラジオ体操のような場合です。

子どもたちと向かい合って立った教師が、左右をラジオ体操の号令通りにしてしまうと、子どもは混乱して、号令通りにしたり、教師のまねをしたりでバラバラになってしまいます。

そのほかにも、ちょっとしたときに口で右といいながら左を動かさなくてはならないときには、教師も結構大変です。子どもならばなおさらのこと。

教師がうっかりことば通りに動いてしまうと、またばらばらになってしまいます。

それでも次第に、右と意識すると右の方が動くようになります。それまでは辛抱しましょう。

子育てのポイント

●自分の左右をしっかりと

左右のことで混乱を避けるためには、できるだけ慣れさせておくに限ります。まず、子ども自身にとっての左右をしっかり教えましょう。利き腕の側を右とか左とかで、しっかりと教えることが多いようです。そうして左右の足、左右の向きなどを教えていきましょう。

●鏡像との違いを教える

鏡像と実像の違いを教えるには、実際に見せるのがとても効果的です。子どもと同じ方向を向き、右手にリボンをつけ、その後向かい合って見せると、自分にとっての右が相手とは反対になることが分かり、鏡像が実像とは左右が反対になるということも理解しやすくなります。

●生活のなかで左右の感覚を育てる

実際の生活のなかで考えさせるのも効果的です。お買い物をしながら、「八百屋さんは魚屋さんのどっち側にある?」と聞きながら、左右の感覚を育てるのがいいでしょう。

●ゲーム感覚で教える

また、ゲームのようにして、親がいろいろと向きや場所を変えながら、「右側においで」「左側においで」と遊びながら覚えさせてもいいと思います。

基本的には慣れの問題でしょう。お子さんのようすを見ながら取り組んでみましょう。

＊　＊　＊

26 返事をする

名前を呼ばれたら、教室中に聞こえるくらいの大きな声で返事をする。これができる子どもは意外に少ないものです。「返事」や「あいさつ」をしっかりとできる子どもは、学習意欲、集中力があり、着実に学力をのばしていく子どもです。

呼ばれたら返事をする

一年生の教室では、教師が一人ひとりの子どもの名前を呼んで出席を確認します。「はい」と、元気よく返事をすることができた子どもには、「○○さんは、大変上手にお返事ができました」と教師がほめます。すると、後に続く子どもたちもそれにならい、元気に返事をしようとします。それはとても微笑ましい光景です。

名前を呼ばれたら返事をする。このあたり前のことができない子どもが、いま増えています。

あいさつを返せない子ども

朝、登校して来た子どもに、「おはよう」と声をかけると、「おはようございます」と元気のよいあいさつが返ってきます。これもあたり前のやりとりですが、とても気持ちのよいものです。

反対に、声をかけられても、何もいわずに通り過ぎていく子どももいます。

「聞こえなかったのかしら」と思い、再び声をかけるようなことがあります。そんなときは、子どもの顔を見ながら「この子は何か心配事でもあるのかしら？」と気になったりすることもあります。

班長の呼ぶ声が耳に入ってこない

遠足や校外学習のときは、基本的にグループで行動します。目的地に着いてグループごとに整列したら、全員いるかどうか人数の確認をします。

ところが、友だちと遊んでいたり、しゃがみこんで土いじりをしたりして班長の呼びかけに返事ができない、なんていう子どもがいます。

その班はなかなか人数の確認ができず、班長が困ってしまいます。

適当に返事をする

「早く並んでよ」と友だちに注意されても、「はいはい」と、調子のよい返事をする子どもがいます。いわれたことを行動に移すつもりがないのです。

相手が年上の人でなく、友だちであっても、また年下の妹や弟であっても、呼ばれたときには、相手の方を見て、返事をし、その人の話をしっかりと聞けるようにしなければいけません。

尋ねられても黙っている

教師は授業中、よく子どもたちに「分かりましたか」と尋ねます。教師の顔を見て元気よく「はい」と返事する子ども、うつむいて小さな声で返事する子ども、なかにはまったく反応のない子どももいます。

尋ねても反応がないと、教師は、子どもたちが分かっているのか分かっていないのかが分かりません。

分からないことがあったときには「もう一度おねがいします」とか「分からなかったので、後で教えてください」というように応答することができないと、授業内容を理解できないまま、どんどん学習は進んでしまいます。

＊子育てのポイント

●返事の仕方を教える

自分の名前を呼ばれたら返事をするということは、子どもがことばを話しはじめる2歳ごろから教えていきます。

母親がまず「○○ちゃん」と、子どもの名前を呼び、その後で「ハイ」といいながら子どもの腕を軽く持ち上げるようにします。すると子どもは親のまねをして返事をするようになります。

はじめは「ハイ」と正しく発音できずに「アイ」というような感じですが、発達とともに正しくいえるようになります。

●相手を見て返事させる

「ハイ」をいえるようになったら、「○○ちゃん、こっちを向いてハイっていうのよ」と、相手の方を見て返事できるように教えましょう。

また返事する声が小さいときには、「○○ちゃんの声が、お母さんのところまで届くように元気にね」というようにして、大きな声で返事をできるようにしてやりましょう。

●分からないときには「もう一度」といえるようにする

返事には、話を聞いていたかどうかだけでなく、その内容を理解できたかどうかを相手に伝える意味もあります。

授業中に教師から「今の説明、分かりましたか」と尋ねられて、分からなかったり、聞き取れなかったりしたときには、「分かりません」「もう一度いってください」といえるようにしておくことも必要です。

子どもにお買い物を頼むときには、買う品物を伝えた後、子どもに復唱させます。足りないものがあったり、間違えていたりしたときには「あれ、ちょっと違うよ」と指摘してやります。

子どもには、分からなければ「もう一度いってください」というように教えておきます。

●家族間でも返事し合う

子どもは周りの大人を見て、その行動をお手本にします。ですから、家族のあいだでも、呼ばれたときにはきちんと返事をし合うことが大事です。

子どもが「おかあさん」と呼んだとき、お母さんが元気よく「ハイ」と返事を返してやることが、子どもにとっていちばんのお手本になります。

＊　＊　＊

27 敬語を使う

授業中にもかかわらず「先生、トイレ」と、敬語はおろか、単語だけで話しかけてくる子どもが多くなりました。子どもたちのことば使いそのものが乱れ、男女の別なく下品なことばを発することも多くあります。その場に応じて、敬語を正しく使えないと、よりよい人間関係を築く妨げになります。

敬語を使えない子ども

「先生、水飲みに行っていい？」「先生、紙ちょうだい」。ひどいときには「先生、トイレ」と単語で要求してきたりします。急を要しているときなど仕方がない場合もありますが、基本的に子どもたちが敬語を身につけていないのです。

　高学年になるにつれてだんだん敬語を使えるようになってはいきますが、とっさのときに敬語を使えない子どももいます。また、担任や周りの大人の対応によってはことば使いがすぐに乱れてしまいます。

話しことばが乱れている

敬語を使えないということだけでなく、最近の子どもはことば使いが全般に乱れているのが現状です。

　「おまえ」「じゃねぇよ」「うるせぇ」などということばは、男女かかわらず発せられます。昔は男の子が使うことばや女の子が使うことばがありましたが、いまでは男女差はなくなってきています。

　親からことば使いを注意されたりすることが少ないようです。女の子から耳をふさぎたくなるような下品なことばを平然と発せられ、唖然とすることが頻繁にあります。

敬語は急には話せない

子どもだから敬語を使う必要はないと思うのは間違いです。敬語は、大人になると急に使えるようになるわけではないからです。

見かけだけ頭が良さそうで立派な大人になっても、敬語が使えないようでは、中身のない人であると思われても仕方ありません。子どものころからその場に応じて敬語を使うようにする必要があるのです。

先生との会話で敬語が身につく

敬語は学校の授業で教えてもらえば十分だと考えられがちです。たしかに学校では、国語の時間で「敬語の使い方」を学習しますが、それだけでは敬語を身につけることはできません。授業で敬語を実際に使う時間はごく限られているからです。敬語は、口に出してはじめて上達するのです。

一方、子どもが教師と話す機会は日常的にあります。ですから、小学生が敬語を身につけることができるかどうかは、教師に対してきちんとした敬語で話しているかどうかで決まるといっても過言ではありません。

来客時の会話がおぼつかない

また、学校には来客がよくあります。お客様と会話をしなければならないときにも、敬語は必要です。

しっかりとした敬語が使えないと、お客様に失礼になりますし、学校や家庭でのしつけが悪いと思われてしまうかもしれません。

敬語は人間関係の潤滑油

乱れたことばで話しかけられると、相手によい印象を持つことはできません。また相手に対して敬意を表していないのですから、その後のよい人間関係を築く妨げになってしまうこともあります。

敬語は社会で生活していく上でとても大切な技術であり、よりよい人間関係を築く潤滑油といえます。

子育てのポイント

●目上の人に敬語を使おう

小学生が最初に接する目上の人は「先生」です。最近、教師に対して友達感覚で接する子どもが多く見られます。子どものなかで敬語が定着しないのは、そのようなことも関係しているのかもしれません。

雑談をするときや休み時間など、教師と楽しくおしゃべりをするときはいつものことばでもかまいません。しかし教師は友だちではありません。授業中や職員室へ行ったときなどは、教師に対して必ず敬語を使う習慣をつけましょう。

●親がモデルになって敬語を使う

家庭で教師の話をするときなどは、親がモデルとなって教師に対して敬語を使いましょう。親が敬語を使わないと、子どもはそれでいいと思ってしまいます。子どもは親の姿をよく見ています。親の姿勢そのものを子どもは学びます。

●日ごろから敬語を教える

電話や来客、外出先での話し方は敬語を学ぶ大切な機会です。

電話はお互いの顔が見えないので、ていねいな話し方をしないと相手に悪い印象を与えてしまいます。対応の仕方を具体的に教えましょう。

失敗したら、次は上手にいえるように、アドバイスをしてやります。来客や外出先での話し方も同様です。

日ごろから敬語を使う経験を積ませることで、だんだん上手に話せるようになっていきます。

28 自分の意思をはっきりことばにする

友だちとのやりとりのなかで、きちんと自分の意思を伝えられなくてけんかになったりしています。学習面でも「話す」ことが苦手なまま、高学年になっている子どもが多いのが現状です。

自分のことを自分でいえない

「先生、○○ちゃんがね、おなかがいたいんだって」

やさしく世話好きな子どもが、おなかが痛い本人をつれてやってきます。しかし、やさしい友だちがいつもそばにいるとはかぎりません。自分が困ったときは、自分でそれを伝えられるようにしたいものです。

養護教諭のなげき

けがをした子どもは保健室にやってきますが、こちらが「どうしたの？」と聞いても、「どこで、どうなってけがをしたか」ということを明確に話せる子どもはほとんどいないと、養護の先生が嘆いていました。

すり傷くらいならともかく、頭を打っていたり、骨折の疑いがあるようなけがの場合は、状況を正確につかみたいのですが、子どもたちがなかなかはっきりと話してくれないのが悩みの種です。また、運悪く友だちにけがをさせてしまった場合などは、とくに正確な状況把握が必要なのですが、お互いがうまく話せなかったりするので本当に大変です。

「二語文」の会話

「先生、紙」「先生、トイレ」「体育、外？」

教室のなかでも、うっかりすると単語の羅列で会話となっていることがあります。「相手と向き合って分かりやすく話す」という体験が不足しているため、いつまでも幼児のような二語文しか話せないのです。

「先生は、紙じゃありません。紙がどうしたのですか」と返答すると、やっと考えながら話しはじめます。このようなことは、小さなころから大人が気をつけてやらないと、見過ごしてしまうことが多いのです。

子育てのポイント

●家庭のなかでも意識して会話を

「自分の思いや考えを相手にはっきりと伝える」ようにするには、訓練が必要です。

家庭で、子どもが自分の感想や意見をいうとき、親は上手に相づちを打ったりしながら、話を聞くようにします。子どもは、話を聞いてもらえるのはうれしいことと感じて、もっと話したいと思うようになります。

家庭のなかでたくさん話している子どもは、自分の意思を他人に伝えられるようになります。

●その日にあったことを朝から順に話してみよう

「きょうは幼稚園、どうだった?」と聞いて「楽しかった!」で終わっていませんか?

子どもにとって「どうだったか」ということばくらいあいまいなものはありません。子どもには、ぜひ「きょうあったことを、朝から順番に教えて」と聞いてみてください。「いつ」「だれが」「どこで」「なにを」「どうした」ということが、時系列を追って具体的になるので、子どもにとってもずっと話しやすくなります。ここでも聞いている大人の相づちがたいせつです。

●できるだけ子どもに話をさせる

「うちの子は口べただから…」と、お母さんが子どもに代わって答えてしまっているようでは、子どもは自分から話そうとはしなくなってしまいます。先回りしないで、できるだけ子どもに話をさせましょう。

29 手を洗う

私たちは、外から帰った後やトイレをすませた後、そして食事の前などに手を洗います。あまりに日常化された動作なので、忘れたりおろそかにしがちです。しかし、子どもの手は想像以上に汚れているものです。さっと洗っただけでは汚れは落ちません。

手を洗う習慣が身ついていない

小学校では、流し台の場所を教え、体育や休み時間の終了時、トイレの後、給食の前などには、そこで手を洗うことを教えます。

しかし何度か指導しても、手を洗わずにトイレから出てくる子どもも、声をかけないと給食の前に自分から手を洗いにいこうとしない子どもが多いのが現状です。

手を洗うという習慣を家庭で身につけないまま入学してくる子どもが増えてきたように思います。

手を洗うことを教えられていない？

そのような子どもたちを見ていると、日ごろから、手を洗うことの必要性や、正しい洗い方について、家庭で教えてもらった経験が少ないことが大きく影響しているように思われます。

風邪を引きやすくなる

手には、私たちの想像以上にたくさんのバイ菌がついています。

手から口へとバイ菌が経由して、風邪を引くことも多いといわれています。

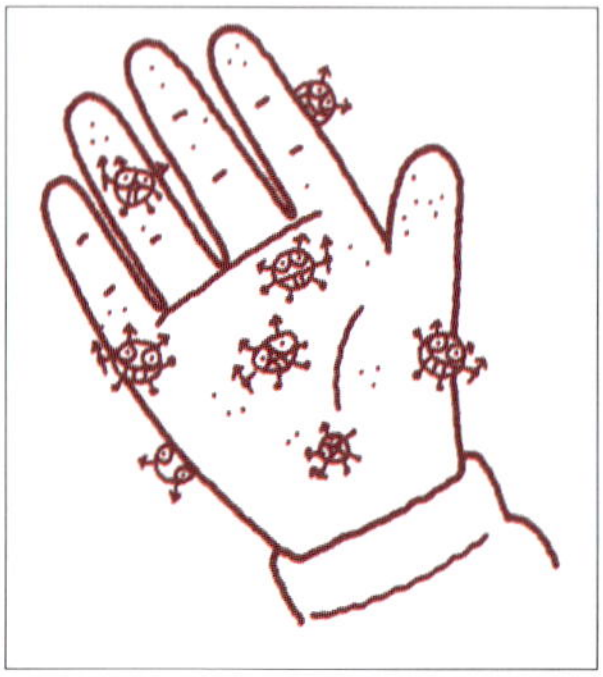

食中毒の恐れがある

食事の前に手を洗い、テーブルにつくことは、大切な食事のマナーのひとつです。汚れが残っている手で食べると、食中毒になる恐れが出てきます。

子育てのポイント

●手を洗う習慣を身につける

清潔の習慣は、理屈抜きで定着するまで根気よく指導します。

あまり神経質になる必要はありませんが、石けんを使っててていねいに洗うことが大切です。

手を洗う前には必ず「○○ちゃん、手を洗おうね」と声をかけ、親子一緒に洗うとよいでしょう。

子どものいちばんのお手本は親です。親がすすんで手を洗い、洗い終わったら「きれいになったね」「気持ちがいいね」と声をかけます。

これをくり返すうちに、子どもも、手を洗うことはよいことだということに気づき、そのうちに自分から手を洗うことができるようになります。

◆手の洗い方

①手の汚れを水でざっと洗い流す。

②石けんを手で包むようによくこすって泡立て、手全体に泡をつける。

③手のひら、甲、指のあいだ、手首をよく洗う。つめの汚れは、歯ブラシなどでよく落とす。

④水で泡を完全に洗い流す。

⑤手を振って水切りをする。

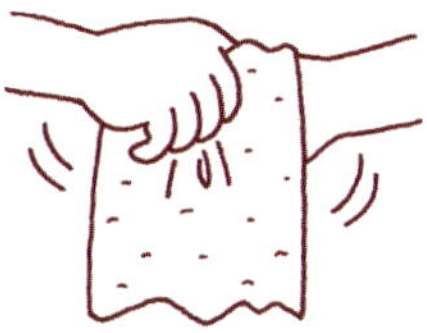

⑥タオルでよく水分をぬぐいとる。

30 食事のマナーを身につける

食事中にひじをつく、犬食いをする、汚らしく残すなど、食事のマナーが身についていない子どもが目立ちます。「残さず食べる」という意識も薄れてきています。学校給食は班ごとに友だちと会食をしますので、マナーが悪いと周りに不快感を与えてしまいます。

食べ残しが多い

最近の子どもには、「残さず食べる」という意識はほとんどありません。好きな物だけ食べてほかは残します。嫌いなおかずなどは、ちょっと手をつけるだけです。食パンは柔らかい部分だけかじり、耳の部分は残します。お茶碗についたご飯粒を残さず食べる子どもも少なくなりました。全部食べたとしても、ご飯粒が食器に汚らしくこびりついていたり、パンのカスがあちこちにちらばっていたりします。

ファーストフードの影響なのか、一品ずつ食べていく子どもが多いのにも驚きます。ご飯だけ最後に食べたりするのです。

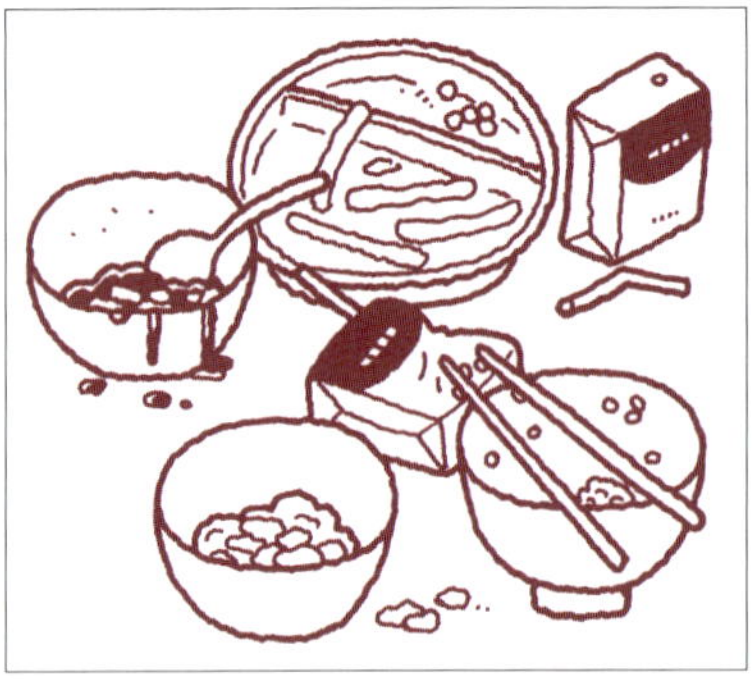

掃除が大変

食べ方が汚いために、給食が終わった後は、床がとても汚くなります。食べ散らかすという感じです。床に食べ物が落ちていない日はありません。しかもそれを踏んづけながら歩いてしまい、方々に汚れが広がってしまうので掃除が大変です。

周りの人に不快な思いをさせる

給食は、班ごとに机を寄せ合って楽しく食べます。食事のマナーが身についていないと周りに不快感を与えてしまうので、友だちから敬遠される原因になってしまいます。

食事のマナーを身につけることは、大人になって社会で生きていく上でも大切なことです。人と気持ちよく食事ができないというのでは、人とうまく関われないということになります。

食べ物を粗末にする

汚い食べ方には、食べ物に対する感謝の気持ちがこめられていません。それどころか、食べ物を粗末にすることにもつながります。

実際に、子どもたちは食べ物で遊んだり、ふざけたりして、食べ物を粗末にすることがあります。

パンはどのくらい小さくなるのか、粘土のように丸めたり、ミカンを丸ごと口に押しこんで、周りの子どもを笑わせようとしたり、ミカンのおへそに人差し指を突っ込んで、指人形のようにして遊んだりします。

また、牛乳の一気飲み競争なども、周りの子どもがはやし立てて喜ぶので、子どもたちはやりたがります。

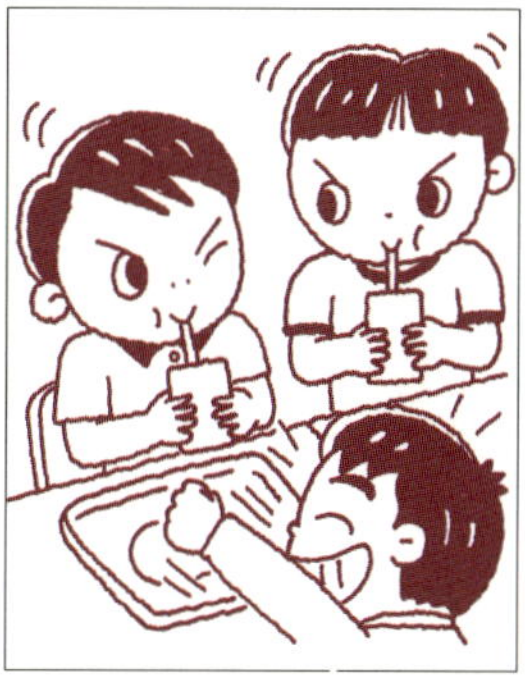

食事中に汚い話をする

配膳された給食を目の前にして、それを排泄物や体の部位にたとえたり、汚い話をして、周りの子どもたちを不快な思いにさせる子どもがいます。

このように、食事時の悪ふざけは、教師が注意をしてやめさせないかぎり、子どもたちはいくらでもやりたがります。

子育てのポイント

●親がお手本になる

食事のマナーは、家庭で身につけるものです。給食の指導だけでは食事のマナーは身につきません。まずは、親がお手本になります。子どもは親の姿をよく見ています。親がひじをついて食事をしていたり、新聞やテレビを見ながら食べているのはよくありません。子どもはその姿をまねします。

●マナーは幼児期から教える

食事は文化であり、食事に関わるマナーの多くは、生活のなかで培われてきた大切な習慣です。親は文化を正しく子どもに伝えていく義務があるといえます。

食事の基本的なマナーとして、次のようなことはしてはいけないことを教えます。

・食卓に食器を置いたまま、口を近づけて食べる（犬食い）
・口に食べ物を入れたまま話す
・ひじをついて食べる

美しく食べることは食事の基本です。ひとりで食事ができるようになる幼児期から教えていくことが大切です。

●家族で食卓を囲む

ひとりで食事をする子どもが増えました。ひとりで食べる食事は、ただ空腹を満たすだけのものとなり、味わったり、季節を感じたりすることがなくなります。そこにはマナーなどまったく必要がなくなってしまいます。

忙しいからといって、子どもひとりだけで食事をさせるのはよくありません。またひとりで食べてもおいしくありません。食事は、単に空腹を満たすためだけにあるのではありません。家族で食卓を囲めば、人と食事をすることは楽しいということを感じることができます。家庭で楽しく語らいながら、マナーを教えていきましょう。

●食べ残しを少なくする

子どもの食べ残しを少なくするには、規則正しい食生活を送らせることが大切です。

そのためには生活全般のリズムを整えなければなりません。早寝早起きや、外でよく遊ぶ習慣が身につけば、子どもの食欲は増し、食べ残しも減ります。

早く片づけたいという親の都合で、子どもに食事を急かしたり、食卓でお説教したりすることは避け、楽しく食べる雰囲気をつくります。

31 箸を正しく持つ

子どもたちの箸の使い方の乱れが深刻です。握り箸や箸をクロスして持ったりと、ほとんどの子どもが自己流の持ち方をしています。米飯給食のときは、子どもたちがこぼしたご飯粒で床がベタベタになってしまいます。箸を正しく持てないと、食べ物をきれいに口まで運ぶことができません。

箸の持ち方がめちゃくちゃ

１３００年以上の歴史があるといわれている日本の箸文化も、いまや衰退しつつあるようです。子どもたちの箸の使い方が著しく乱れているからです。

ある調査によれば、正しく箸を持てる子どもは、小学校6年生でおよそ2割に過ぎません。1年生にいたっては1割しか正しく持てていません（「青少年の生きる力を育むための総合的調査研究」谷田貝公昭、１９９８年）。

握り箸だったり、箸がクロスしてしまったり、人差し指が立ったままだったり。自己流の持ち方が多く見られます。食べられさえすればよいという感じです。

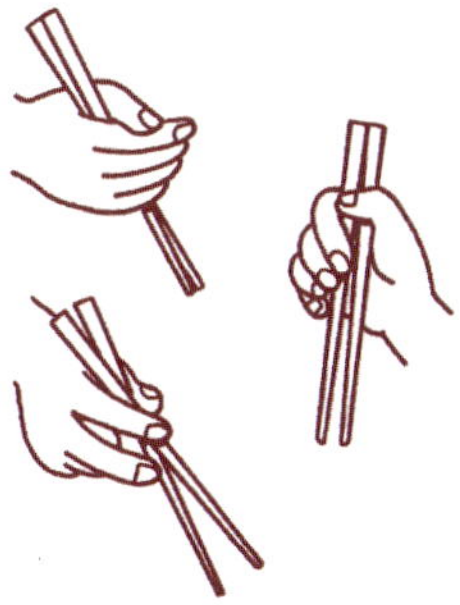

◆変な持ち方

食べ方も汚ない

箸を正しく持てないため、食べ方もきれいではありません。食器に顔を近づけて食べたり、箸でかきこむように食べたりというようになってしまいます。

親自身が持てないためか、子どもに教えている親は少なく、親から箸の持ち方を注意されたことがないという子どもが多くいることに驚きます。子どもがどんな箸の持ち方をしているのか気にもならないようです。

持ち方が悪いときれいに食べられない

箸を正しく持てないと食べ物をうまくつかむことが

できず、ボロボロこぼし、食べる姿勢も悪くなります。

　給食で納豆が出たところ、1年生はうまく箸さばきができないため、糸をクルクルとまくことができずベタベタになり、後始末が大変だったことがあります。

　ウズラの卵をうまくつかむことができず、しまいには床にコロコロと落としてしまうこともあります。

給食後の始末が大変

　そのような現状があるために、給食には食べやすい物、食べやすく調理した物しか出ません。それでも箸を持てないために、米飯給食の後はいつも食べこぼしが多く、後始末が大変です。

箸を使ったいろいろな操作ができない

　箸を正しく持てないと、手や指に余分な力が入り、動きに無駄が出てきます。箸はさむ以外にも、つまむ、ほぐす、切る、裂く、のせる、はがす、まぜる、押さえる、くるむなどのさまざまな操作ができるのです。箸を正しく持っていないと、それらの操作がスムーズにできなくなり、きれいに口まで運ぶことができずに汚い食べ方になってしまうのです。

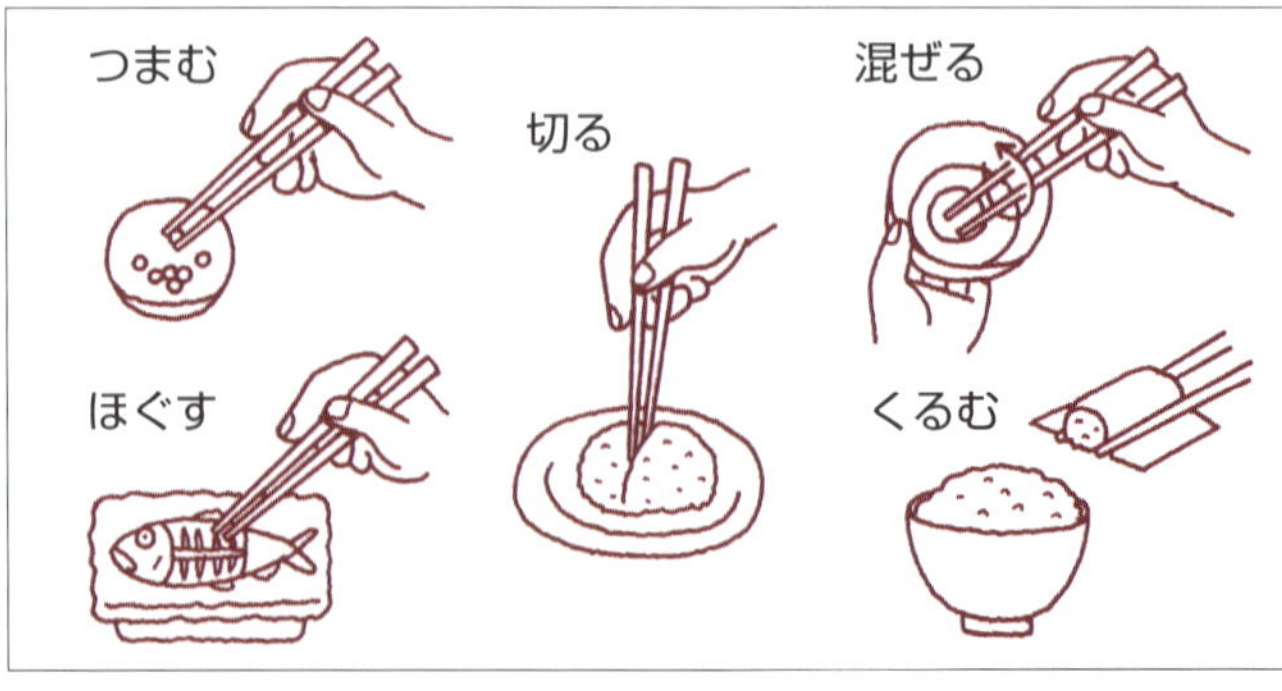

◆さまざまな箸の操作

子育てのポイント

●正しい持ち方を就学前から教える

正しい箸さばきは、一度に教え込もうとしてもなかなか身につきません。就学前から教えるのがよいでしょう。また自己流の持ち方がいったん身につくと、それを直すのは容易ではありませんが、時間をかけて根気強く教えていけば必ず直ります。

●親が正しいモデルになる

まず、親自身が箸の持ち方を再確認し、子どもの正しいモデルになることが大切です。もし親が正しく持てていないようであれば、まず親が正しく持つ努力をしなければなりません。親が箸を正しく持ち、口で注意するだけでなく、手をそえて指の位置を正しくしてやることが大切です。短時間でも毎日根気強く教えましょう。

●箸の文化を子どもに伝える

箸さばきに関わる多くのマナーは、長い時間をかけて、日本人の生活のなかで培われてきた代表的な食文化だといえます。大人は、先人の知恵や文化を絶やすことなく、子どもに伝えていく必要があります。

箸は正しく持って使ってこそ美しく見えます。美しく食べることは食事の基本です。

◆正しい箸の使い方

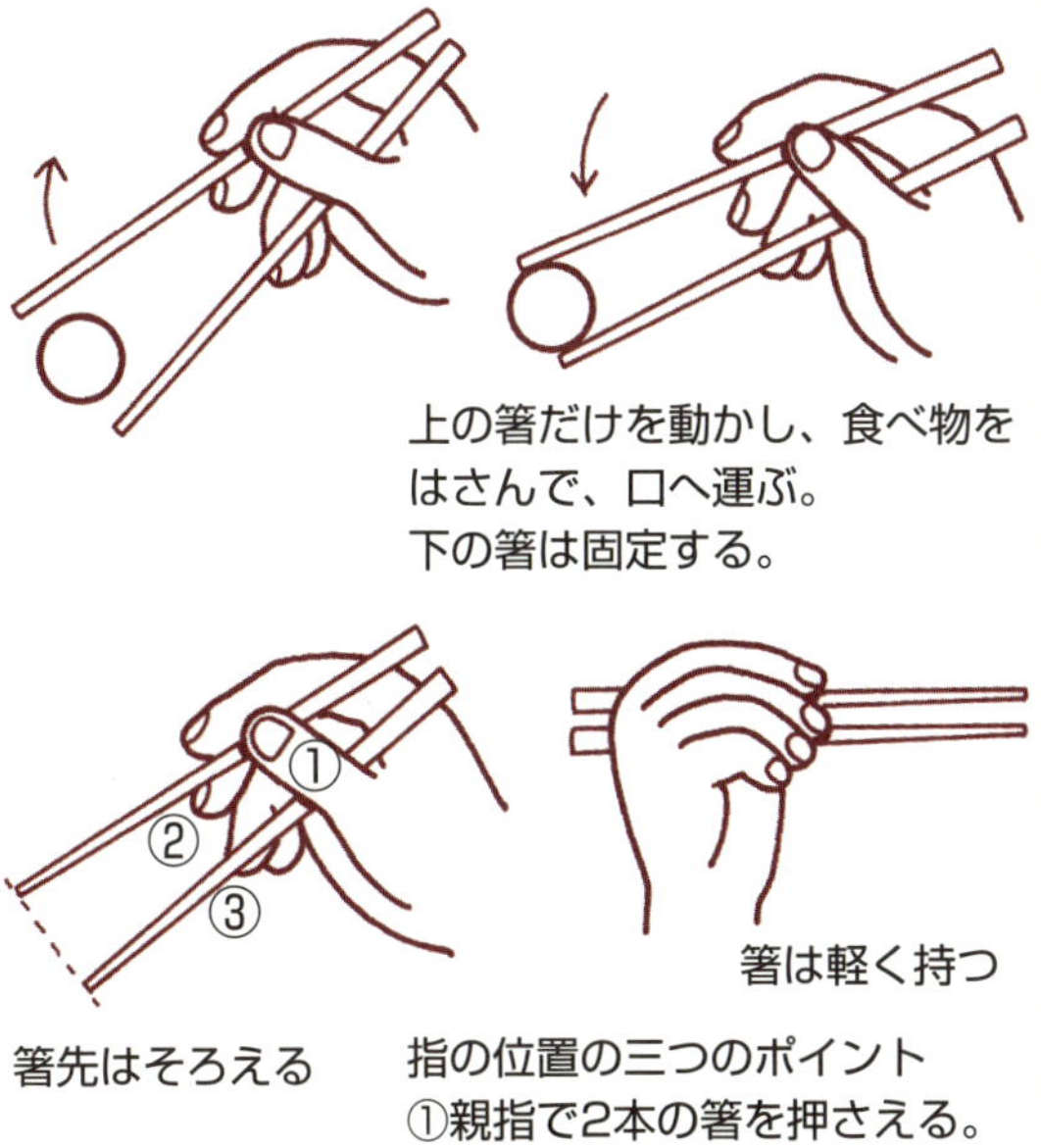

上の箸だけを動かし、食べ物をはさんで、口へ運ぶ。
下の箸は固定する。

箸は軽く持つ
箸先はそろえる

指の位置の三つのポイント
①親指で2本の箸を押さえる。
②中指で上の箸を支える。
③薬指で下の箸を支える。

32 好き嫌いをしない・少なくする

学校では毎日たくさんの給食が残ります。とくに煮豆やひじきなど、昔ながらのおかずは大量に残ります。いまの学校では、昔のように、嫌いな物でも残さず最後まで食べさせられるということはありません。子どもの自主性に任せられている分、好き嫌いは一層直りにくくなりました。

毎日大量の残飯が出る

小学校では、毎日給食の残飯が大量に出されています。とくに低学年ほど多く出ます。

給食の内容によっても残飯の量は変わり、スパゲティやカレーなど、子どもの好物が出たときには比較的少ないのですが、煮豆やひじき、切り干し大根など昔ながらのおかずのときは、たくさん残ります。

もったいないと思わない

おかずやスープ、牛乳などの残り物は、丸缶に全部一緒にして片づけます。

なかを見て「特製スープです」といって喜んだりする子どももいます。残すことに対して「もったいない」と思う気持ちがないのです。

昔はご飯をひと粒でも残せば「罰が当たって目がつぶれる」などと親に叱られたものですが、いまでは食べ物を残しても叱られることが少なくなっています。

「もったいない」と思う気持ちが、大人自身からも薄れてきているのかもしれません。

嫌いな物は食べずにすむ

昔の学校では、嫌いな物でも、食べ終わるまでむりやり食べさせられたものでした。いつまでも机に座って泣きながら食べるなどという光景もよくありました。

しかし、そのような指導は体罰にあたりますので、現在の学校では絶対におこなわれることはありません。

給食が子どもの自主性に任せられるようになった結果、子どもは好きな物ばかりを食べるようになりました。

家庭でも嫌いな物を厳しく食べさせるということはしなくなりました。子どもが好む物をつい食べさせてしまうようです。

家でも学校でもそんな状況ですから、子どもの好き嫌いは助長される一方です。「嫌いな物はむりに食べなくてよい」という指導でよいのか、疑問に思います。

好き嫌いしても栄養面では偏らない

食品の種類も多く、いつでも食べ物が手に入る時代になった現在では、好き嫌いをしても、それが原因で栄養面に偏りが生じることはなくなりました。嫌いな物を食べなくても、ほかの好きな食品で栄養を補うことが、十分できるようになったからです。

招待先で嫌いな物を食べられない

しかし、しつけの観点からすれば、好き嫌いをそのままにしておくことは、かなり問題があるといえます。普通の好き嫌いは、わがまま以外の何ものでもないからです。

好き嫌いがあるともっとも困ることは、招かれた先で出された食事に嫌いな物が入っていると、それに手をつけないということです。これは相手に対してとても失礼なことです。子どものときに培われた好みは大人になっても続くことが多いので、なおさら困ります。

生活面まで影響が出る

好き嫌いが多い子どもは、わがままに育っている傾向があるため、忍耐力がなく、ささいなことに腹を立て、友だちとすぐけんかをしたりするなど、生活面で問題があることが少なくありません。好き嫌いは、人格を形成する上でも影響を与えているといえます。

✻子育てのポイント

●嫌いな物をそのままで食べさせる

子どもの好き嫌いをなくすため、「うちの子はニンジンが嫌いなので、細かく刻んでハンバーグにまぜて食べさせるのよ」というお母さんがいます。

これはたしかに栄養面ではよいかもしれませんが、しつけの面では何の意味もありません。

ニンジンをニンジンと認識して食べるのと、何がなんだか分からない状態で食べるのとでは意味が違ってくるからです。

ニンジンをニンジンと認識しながら食べてはじめて、嫌いな物が食べられたことになるのです。嫌いな物を分からなくして食べさせるのでなく、できるかぎりそのまま食べさせましょう。

そして、食べることができたときは大いにほめましょう。

●代わりの食べ物を出さない

嫌いなものを食べなくても、それに変わるものを出さずに食べさせるという厳しさも必要です。わがままを認めないという親の毅然とした態度が重要です。

●嫌いな食べ物の効用を教える

また「野菜を食べると風邪を引きにくくなるよ」「元気が出るよ」など、その食品の効用を教えてやるのもいいでしょう。

●何でも食べられる味覚を育てる

好き嫌いせず何でもよく食べる子どもは、素直で活動的で周りの人に好かれる傾向にあるようです。わがままに育っていないということなのでしょう。子どものうちに何でも食べられる味覚を育てたいものです。

●子どもと一緒に食事の支度をする

子どもが食事の支度に興味を持つことがあります。そんなときには、親子でメニューを決めて、買い物から調理、配膳、片づけまで一緒にやります。

食事の支度が終わったら、「ありがとう」とねぎらったり、「おいしいよ」とほめたりすることが大切です。

子どもは、自分が苦労してつくった食事をおいしく感じ、もったいなく思って、残さず食べることでしょう。

＊　＊　＊　＊

33 食事中立ったり、大声を出したり、後ろを向かない

給食は、一日のなかで子どもがもっとも楽しみにしている時間です。そのせいか、給食時間になるとはしゃいでしまい、食事中にもかかわらず、立ち歩いたり大声でしゃべったりする子どもがいます。配膳中にも走り回ったり追いかけっこをしたりして、食器を運んでいる子どもとぶつかりそうになることがあります。

大声でしゃべりながら食べる

小学校の給食は、一般的に4、5人で一つの班になって食べます。違う班に仲よしがいたりすると、食事中にもかかわらず、その友だちに向かって大きな声でしゃべったりすることがあります。給食は一日のうちでいちばん楽しみな時間であるためか、ついつい大きな声で話してしまうようです。

話に夢中になるにしたがって、体は後ろを向き、足は椅子の上という、大変行儀の悪い格好になっていきます。

床に寝ころんでレスリング

それでも、先生がいれば注意されるので、静かに食事できますが、いないと大さわぎになることがあります。給食の配膳中に走り回ったり、追いかけっこをしたり、床に寝ころんでレスリングというのは日常茶飯事です。先生に何度注意されてもやめられない子どももいます。

衛生上の問題

配膳中に走り回ったりふざけたりすることは、まず衛生上の問題があります。ふざけたり走り回ったりすれば、ほこりが立ちます。寝ころんで床に手をついたりすれば、手は汚れます。ほこりが立っているなかで食べたり、汚れた手で食べることが不衛生なのはいうまでもありません。

ぶつかると危険

配膳中は熱いおかずや汁物を入れた食器を運ぶのですから、ぶつかったりしたら大変危険です。人にかかればやけどのおそれがありますし、食事が台なしになってしまいます。いろいろなところに迷惑がかかってしまうのです。

このようなことは、注意して運んでいても起きることなので、ふざけながら配膳などというのはもってのほかです。実際にふざけていた子どもが、配膳中の子どもにぶつかって食事をひっくり返すということは頻繁にあります。

周りを不快にしてしまう

食事中に立ったり、大声を出したり、後ろを向いて食べたりしてはいけないということは、頭では分かっているようですが、体に身についていない子どもが目につきます。楽しさやうれしさが優先してしまい、ついはしゃいでしまうようです。

食事中に大きな声で会話をすると、口のなかの物が人に見えてしまったり、飛んでしまったりして、周りの人を不快にさせてしまいます。みんなで食事をしているのですから、人を不快にさせないように節度を守って楽しくいただきます。

子育てのポイント

●食事のマナーは家庭から

最近、ファミリーレストランなどで周りの迷惑を顧みず、大声で笑ったり話したりしている若者を見かけることがあります。

食事のマナーの基本は家庭にあります。学校で落ち着いて食べることができる子どもは、家できちんとしつけられています。小学校に入学する前にしっかりしつけましょう。

食事のマナーは、5歳くらいになれば十分に理解することができます。食事中に立ち歩かない、大きな声で話さないなど、落ち着いて食事をすることを体に覚えさせ、周りの人を不快にさせない食事の仕方を家族で実行しましょう。

●会食のマナーを教える

学校の給食は、みんなで食べる会食の形式です。会食では、見苦しくないように食べる、一緒に食べる人に失礼がないように食べるなど、周りの人への配慮が欠かせません。就学前の子どもは、家庭で会食のマナーを学んでいきます。しっかりと教えましょう。

●マナー違反はその場で正す

子どもの友だちを招いておやつを食べさせたりするときも同じです。よその子だから注意できないといわずに、食べながら大声で話していたり、歩きながら食べていたり、ひどい食べ方をしていたら注意しましょう。間違いはその場で正すことが肝心なのです。

34 決められた時間内に食べ終える

給食をなかなか食べ終わらない子どもがいます。給食の時間には、配膳と食事、片づけの時間が全部含まれています。決められた時間に食べ終わらないと、食器を遅れて返すことになります。配膳室の方にも迷惑がかかったり、次の活動にスムーズに移行できなかったりします。

たくさん残す

小学校での給食の時間は、準備に25分、食べるのに25分くらいかけています。ただし、1年生は準備や食べるのに時間がかかるため、早めに授業を終了して準備に入り、食べる時間をたっぷりとることもあります。

しかし、食べる時間を十分とっても、食べ物を残す量はあまり減りません。いつも時間内に食べ終えることができず、たくさんの量を残しています。

動作が遅い

時間内に食べきれない子どものようすを見ていると、食べるという動作にとても時間がかかっています。それだけでなく、一つひとつの動作も遅く、一度に口へ運ぶ量も少ないようです。

食欲がわかない

時間内に食べきれない最大の理由は、食欲がわかないことにあると考えられます。3時間目あたりから「おなかが空いたあ」と空腹を訴える子どもは休み時間に元気いっぱい遊んでいます。また放課後も体を使った遊びをしています。

時間内に食べきれない子どもは、体を動かす量が少ないためエネルギーの消費量が少なく、自然と食べる量も減り、最後まで食べ切れないのかもしれません。

時間内に食べ終えないと迷惑がかかる

小学校では、決められた時間内に給食を食べ終えないと、いろいろなところに迷惑がかかり、支障が出ます。片づけも給食時間内でおこなわなければならないので、食べることばかりに時間をかけるわけにはいかないのです。

給食を食べ終えた後、当番の子どもは食器や丸缶、四角缶などクラスの配膳用具を配膳室まで運んだり、配膳台を片づけたりしなければなりません。当番でない子どもも、自分の机をもとの位置に戻したり、ふきんをしまったりといろいろな片づけがあります。

食べ終わらないからといっていつまでも食べていて、食器を返すのが遅くなると、配膳室の方に迷惑をかけることになります。食器類を地域の給食センターへ返さなければならない学校もあります。

学校の給食は、いろいろな事情があるため、決められた時間には必ず食べ終え、食器を返さなければならないのです。

次の活動に支障が出る

給食の後は掃除という学校もあります。次の活動が控えているのですから、自分だけのんびり食べるというわけにはいきません。

学校というところは集団で生活しているので、自分だけの都合で時間を変えるということはできないのです。

子育てのポイント

●食事の時間を決め、空腹と満腹のリズムをつくる

現代の子どもは食べ物が豊富で、好きな時間にだらだら食べているせいか、空腹と満腹のリズムができていないようです。

時間内に食べ終えるために大切なのは、家庭で食事の時間をきちんと決めることです。こうすることで、空腹と満腹のリズムができ、食事前には自然とおなかが空いてきます。空腹であれば食べ物の味を感じながらおいしく食べることができます。

また、お菓子をいつでも好きなときに食べさせるのは絶対にやめましょう。

●運動しおなかを空かせる

つぎに、おなかを空かせるために体をたくさん動かすことです。家庭では、屋外で体を使って遊ばせ、学校でも、休み時間などには思いきり校庭で遊ぶように指導します。

食欲のある子どもは、どんなことにもエネルギッシュに活動する傾向があるようです。食欲はいろいろな活動を支える意欲につながります。

●周りのペースに合わせて食事をする

家庭ではテレビを消して家族そろって食卓を囲み、食事を楽しむよう心がけてください。周りの人たちのペースに合わせて食事をするというのも大切なことです。自分だけ食べ終え、さっさと片づけるというのもよくありません。これは、家族そろって食事をすることによって学んでいきます。

35 ほうきを使う・雑巾をしぼる

小学校では、ほうきや雑巾を使って掃除をします。教室ばかりでなく、広い学校施設のいろいろなところを分担して掃除します。家庭では生活様式がすっかり変わり、ほうきや雑巾を使って掃除することは少なくなりました。学校に入ってはじめて掃除をする子どもは、清掃道具を上手に使えず苦労します。

学校には掃除がある

多くの小学校では、清掃業者が専門的におこなう一部の施設以外の場所を、主として子どもたちでおこなう掃除の時間があります。

清掃時間を設定しない学校もありますが、その場合でも、自分の机やロッカーなどの個人で使用する部分については、各自の管理が必要です。

ほうきや雑巾を使えない

ほうきを使ってゴミをはいているのに、ゴミが集まらず逆に散らかしてしまっている光景を目にします。

子どもにとって、ほうきを使って清掃することはむずかしいことなのです。

雑巾についても同じことがいえます。雑巾をきつくしぼれないため、ふいたところが水浸しになったり、上手にふけないため、ふき残しが目立ったりすることが多くあります。

掃除の仕方が分からない

生活様式の変化や住宅事情により、家庭で子どもが掃除をすることが少なくなりました。家庭では掃除の仕方が変わり、従来のほうきや雑巾、バケツを使う、いわば体を使って掃除する機会が少なくなってきているのです。

子育てのポイント

●手伝いからはじめる

はき掃除、ふき掃除などに興味を持ち、子どもの方から手伝いをしたがるときがあります。そのときをとらえて、きちんと掃除の仕方を教えましょう。

●ほうきの使い方

ほうきは家庭ではあまり使われなくなっていますが、できれば座敷ぼうき、竹ぼうき、自在ぼうき、しゅろぼうきなどを用意して、用途に応じて使い分けます。

ほうきの持ち方、はき方、ゴミの集め方、ちりとりの使い方など、少しずつ教えましょう。

●雑巾の使い方

雑巾しぼりが正しくできない子どもが目立ちます。大人自身が正しいしぼり方を教えられないこともあるようです。イラストを参考にして、復習しながら子どもに雑巾のしぼり方を教えましょう。

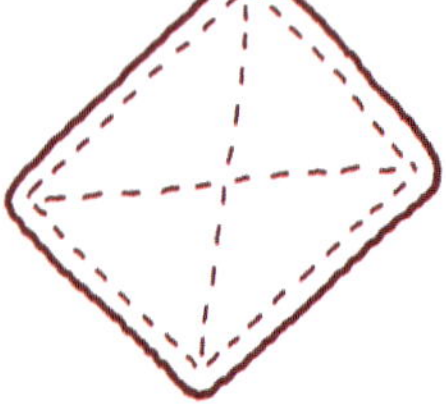

36 バランスのよいからだをつくる

雑巾がけをしていてあごや歯を打ってしまったり、つまずいて鼻やおでこを地面に打ちつけてしまうなど、何でもない動作で思いがけないけがをする子どもが増えてきました。小学校では、いろいろな場面で体を使います。体のバランスが悪いとけがをしやすくなります。

何でもない動作が不器用

現代の子どもの生活のなかで、はたらいたり体を動かしたりする時間は少なくなっています。その結果、雑巾がけをしていてあごや歯を打つ、転んでも手が出ず鼻や額を打つ、蹲踞《そんきょ》の姿勢が取れず後ろにひっくり返るなど、日常の何でもない動作が不器用な子どもが増えてきました。

雑巾がけは顔にけがをするので、ひざをつくように指導をしている学校もあるほどです。

「疲れたぁ」を連呼する

最近の子どもたちは、徒歩で移動する機会が減ってきているせいか、遠足などで少し歩いただけでも「疲れたぁ」の連呼になってしまいます。また登下校時にも、持って歩く荷物が多いと、すぐに疲れるようになりました。

運動会でも気を使う

運動会の「騎馬戦」や「組み体操」をさせるときは、教師はとても気をつかいます。すぐにくずれたりけがをするからです。

「大玉はこび」で玉を転がすと、低学年では玉にまきこまれて一緒に転がってしまい危険なので、空気をぬいて持ち運びができるようにして競技をしている学校もあります。

学校では体のいろいろな部分を使う

学校での活動は、勉強のほかにも、体育、休み時間の遊び、掃除など、いろいろな体の部位を使う活動がたくさんあります。バランスのよい体でないと、それぞれの活動にうまく対応できなくなります。

雑巾がけを例にとっても、体のいろいろな部分を使うことが分かります。手首、腕、足、足首、腰、背筋など、どこかに力が欠けていたらスムーズに雑巾がけができません。

けがが多くなる

体のバランスが悪いとけがをしやすくなります。それも何でもない日常の動作で、思いがけずけがをしてしまいます。しかも大きなけがになる可能性が高いといえます。

雑巾がけをしていて、あごを打ち、運悪く切ってしまい３針縫うことになったり、前歯を強く打ちつけてしまって歯医者へいったということが実際に起きています。

学校活動に支障が出る

体のバランスが悪いとけがをしやすいほか、遊びや体育の時間に機敏に動くことができません。楽しさも半減してしまいます。また動作が不器用だと、余分な時間がかかったり、運動量も少なくなったりして活動に支障をきたしてしまいます。

子育てのポイント

●体を使って遊ばせる

バランスのよい体をつくるには、戸外でたくさん遊ばせることです。それもいろいろな遊びをさせることが大切です。木登り、芝滑り、ゴム飛び、鉄棒、石蹴りなど、多くの仲間と体をいっぱいに使って遊ばせましょう。

●日常の動作を大切にする

野球やサッカーのクラブチームに入っているので十分という考え方は好ましくありません。偏った体の使い方になってしまうことが多く、鍛えている部分は機敏に動かすことができても、日常の何でもない動作ができないということもめずらしくありません。

少年野球で活躍する子どもなのに、逆上がりができなかったり、マットの後転ができないということは、実際よくあります。

体のいろいろな部分を動かせる遊びをさせることが大切です。大勢で遊び、ほかの子どものまねをして遊びの技術を身につけることも必要です。

●家のお手伝いをさせる

遊びのほかに、布団を敷く、風呂を洗う、雑巾がけをするなど、積極的に家のお手伝いをさせることも大切です。家族の仕事を分担して、自分の仕事は責任を持ってさせましょう。

遊んだり、家の手伝いをするなかでは、多少のけがはつきものです。けがを恐れず積極的に体を使うことによって、危険を回避する能力も備わっていきます。

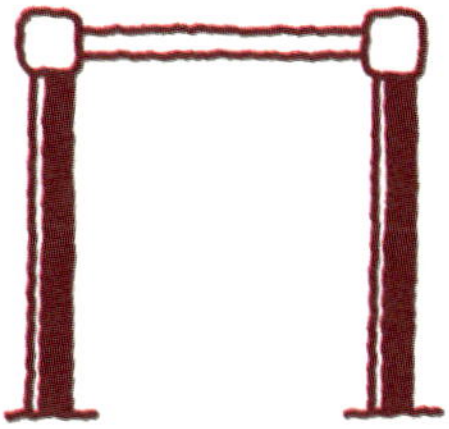

37 手を上手に動かす

小学校では自分のことは自分でやらなければいけません。手先が不器用だと、何をするにも時間がかかり大変です。手をよく動かすということは、脳をよく使うということであり、子どもの成長には大切なことです。楽をせずに手を動かしましょう。

鉛筆や箸を正しく持てない

最近は鉛筆の使いはじめが早いようで、小学校に入学するころにはすでに持ち方が定着している子どもがほとんどです。

ところが正しく持つことができる子どもは極端に少なく、なかにはほんとうに奇妙な持ち方をしている子どももいます。

箸の持ち方に関しても同様で、ほとんどの子どもは間違った持ち方をしており、非常にぎこちない箸使いです。

給食のときは箸で食べ物をつかめないため、こぼさないようにと皿に口をつけて、犬食いをします。

箸を、スプーンやフォークと同じようにしか使えないのです。

ひもを結べない

高学年になるとおしゃれになり、ひものスニーカーを履く子どもが増えます。

ところが、ひもがほどけて引きずりながら歩いている子どもをよく目にするのです。

危ないから結ぶようにいうと、一応結び直すのですが、正しく結べていないのですぐにほどけてしまいます。

ナイフや包丁を使えない

図工や家庭科で刃物を使わせると、危なっかしくてはらはらし通しです。刃物を持った手と、もう一方の手が対応して動かないので（協応動作ができていない）、いまにも手を切りそうなぎこちない動きなのです。

　刃がどこにあるか分からず、刃の部分をさわろうとする子どももいるほどで、普段いかに使っていないかということが分かります。

手の動きと脳のはたらきは関連している

「便利な道具があるから不器用でも困らない」と考えている方も多いと思います。しかし、実は手の器用さと脳の発達は、大きく関連しているのです。

　箸や鉛筆を使うといった日常的な手の動きも、脳が指令を出しているからできるのです。つまり、手や指を多く動かすと、それだけ多く脳をはたらかせることになるのです。

　例えばナイフで鉛筆を削るときは、手と目、さらに両手の協応動作が必要なので、それだけ複雑に脳をはたらかせることになります。

　手指を使わないということは、脳も使っていないということですから、子どもの発達には当然マイナスになります。

けがをして安全な使い方を覚える

ナイフによる少年事件が多発したときに、子どもから刃物を遠ざけようとする論調がありましたが、これはまったく逆効果です。

　小さなころからナイフや包丁を使わせると、一度や二度は手を切るものです。

　しかし、そのときの痛みを体験することで、逆に安全な使い方をおぼえるのです。また、自分が痛みを知っているので人に刃物を向けることなどできなくなるのです。

子育てのポイント

●手をよく使わせる

箸や鉛筆はもちろん、遊びにもブロック遊び、ハサミやナイフを使った工作、ボール遊びなど、手を使う遊びをたくさんさせてください。家庭でのお手伝いも、結構手を使うのでどんどんさせるとよいでしょう。

幼いうちから十分に手指を使わせることが大切です。

●親が手をそえて教える

箸や鉛筆を正しく持てるようにするための矯正具が市販されています。しかし、それに頼るのはおすすめしません。

矯正具が子どもの手の大きさに合わない場合もありますし、何よりも、親の手抜きだからです。

是非、親が手をそえて、子どもにくり返し持ち方を教えてください。そうすれば親子のスキンシップにもなり、上達も早くなるでしょう。

●親が正しいモデルになる

子どもはすぐ大人のまねをするものです。ですから、毎日一緒にいる大人、すなわち親が子どものよいモデルになっていればおぼえも早いのです。

もし親が箸や鉛筆を正しく使えないのなら、いまからでも直しましょう。大人が手抜きをしないで、子どもをしっかりとしつけることが大切なのです。

＊　＊　＊　＊　＊

38 顔を洗う

毎朝、登校してくる子どもたちの顔を見ると、目やにや食べ物のカスがついていることがあります。顔を洗わないのか、それとも洗い方が悪いのか、洗顔の基本が身についていない子どもが多いように思います。

手で水をすくえない

顔を洗うときにいちばん大切なポイントとなる動作は、両手で水をすくえるかどうか、ということです。しかし、小学生のなかには、このような動作ができない子どもがいます。

たとえば、両手を重ねてしまって片手分しか水がたまらない、両手がしっかりと合わさっていないので水がもれる、指と指のあいだが開いてしまってまったく水がたまらない、などさまざまです。

見かねて思わず、両手をしっかりと合わせておわんの形をつくるように教えると、子どもは自分の手に水がたまったのを見て感心していました。

汚れを落とすことができない

正しく顔を洗うということは、顔の汚れが落ちるような洗い方ができるということです。水をすくってもその後、両手でこすらないと顔の汚れは落ちません。

子どもたちの顔の洗い方を見ていると、せっかくすくった水がもれて、ぬれた手で目のまわりをこすったり、顔をはたくだけだったりします。

すくった水をそのまま顔につけ、両手のひらで顔全体をこするというかんたんな動作ができない、あるいは、それを理解していない子どもがいます。

汚れがたまる

顔を洗わなかったり、顔に水をぱたぱたとつけるだけで、顔をしっかり洗えないと、そのうちに皮膚の表面がベタベタしたり、黒ずんできたりして、衛生的にもよくありません。

心や体が目覚めない

洗顔は心や体をすっきりさせる効果があります。

たとえば、朝顔を洗うと、目が覚めてすっきりとし、学校にいくという気持ちに切り替えられます。

子育てのポイント

●正しい洗い方を教える

顔を洗うということは、日常的におこなわれるかんたんな動作です。まず、親がモデルになって、子どもに正しい顔の洗い方を教えます。

●できるまでくり返す

どんなことでもそうですが、かんたんな動作でもはじめは上手にできません。とくに5本指をそろえるという動作は、子どもたちの日常生活ではほとんどないので、少しむずかしいかもしれません。

朝、子どもが顔を洗うときに、親は後ろについてやり方を教えます。水をすくえても、顔に近づけるまでに水がこぼれてしまうことがあるので、顔を水に近づけると洗いやすいということを子どもに伝えましょう。

また、ときどき洋服がぬれてしまうことを気にする子どもがいますが、そんな場合には、お風呂に入ったときに練習をすればよいでしょう。何回か練習すると、洋服をぬらさず上手に顔を洗えるようになります。

できるようになるまで、根気よくくり返し練習をさせることが大切です。

●気持ちのよさを伝える

汗をかいたとき、目覚めの悪いときに、顔を洗うとすっきりします。このときの「気持ちがよい」という経験が大切です。顔を洗うとすっきりして気持ちがよいという感覚を持つことで、子どもは顔を洗おうという気持ちになり、洗顔が次第に習慣化されていきます。

39 歯をみがく・うがいをする

私たちは、朝起きたときや夜寝る前などに、歯みがきやうがいをします。しかし、毎朝、毎晩みがいていても、子どもたちの虫歯は減るどころか増えています。正しくみがいていないため汚れをしっかりと落とせていないことが、原因の一つです。

子どもの口のなかを、見てますか?

小学校では、年に1回歯科検診があります。そのとき歯医者さんがよく「歯みがきがよくできていない」「歯が汚れている」というので、子どもや保護者にその話をすると、家ではみがいているというのです。しかし、お母さん方に「お子さんの口のなかを見たことがありますか」と聞くと、あまり見たことがないという返事が大勢を占めました。

正しく歯をみがけないと虫歯や歯肉炎になる

歯をみがかなかったり、または正しい方法でみがかなかったりすると、食べ物のカスが歯についたままになります。それがやがて歯垢となって、虫歯や歯肉炎の原因になります。

ご飯やおやつの後、すぐに歯をみがかなかったり、遊びに夢中になってみがき忘れてしまったりしたために、虫歯がひどくなってあわてて病院へ駆けこむなどということも多いようです。

うがいをするところを見ていたら

給食の後、水飲み場でうがいをしている子どもを見ていたら、水を口に含んだかと思うとすぐにはき出し、さっさと遊びにいってしまいました。

その後、何人かの子どもたちがきましたが、みんな同じでした。ぶくぶくうがいは、水を口に含んだら口のなかで左右に移動させるのですが、やり方を知らない子どもが多いようです。

対人関係を悪くする

口のなかに汚れがたまると、口臭がして周りの人に不快な思いをさせてしまいます。いつも一緒にいる友だちにも迷惑をかけてしまいます。

子育てのポイント

●正しい歯のみがき方を身につけよう

子どもと洗面所に立ち、一緒に歯をみがきながら、正しい歯のみがき方やうがいの仕方を教えます。

●低学年のあいだは大人が仕上げをしよう

歯をきれいにみがくのは意外とむずかしいものです。とくに奥歯は大人でも大変です。

とくに夜寝る前の歯みがきは、虫歯にならないためによくみがいて、しっかりとうがいをし、歯の汚れを落とします。

小学校の低学年までは子どもが歯をみがいた後、親が最後の仕上げをしましょう。口のなかのチェックにもなります。そして、歯みがきが終わったら、鏡の前で子どもに自分の口のなかを見せ、きれいになったことを伝えましょう。

●歯みがきやうがいの大切さを伝えよう

歯みがきやうがいをするのは、虫歯や歯肉炎にならないためや、エチケットとしてだけではありません。

朝起きたときに顔を洗うと、すっきりとして気持ちよく一日をスタートさせることができます。これと同様に、歯をみがいて口のなかをきれいにすることは、一日の生活リズムを整える上でも、とても重要な役割を果たしています。

このように、なぜ歯みがきやうがいをする必要があるのかを、子どもたちにしっかりと話すことが大切です。

40 つめを切る

子どもたちのつめを見ると、伸びすぎていたり、つめのあいだが汚れで黒くなっているのをよく見ます。担任の先生が気づいて次の日までに切ってくるように話しますが、親も忘れているのか、それとも関心がないのか、なかなか切ってきません。

保健室で

保健室の先生は、熱を計るときや、手や指のけがの手あてをするときに、子どものつめが長く伸びていたり、つめのあいだに汚れがたまっていたりすることに気がつくそうです。

その場ですぐにつめを切るそうですが、こんなに伸びるまでなぜ気がつかないのか分からない、といっていました。

親子で関心が薄い？

何日もつめを切ってこない子どもに理由を聞くと、「家の人が忙しいので切ってくれない」「自分で切れない」「お母さんはぼくのつめを見ても何もいわなかった」などといいます。

毎日一緒に生活をしていて、子どものつめが伸びていることに気がつかないというのは不思議な気がしますが、親も子どももほかのことには関心があっても、つめには関心はないのでしょうか。

人を傷つけやすい

小学校では、幼稚園や保育所のときとくらべて子どもの数が増え、学校で生活する時間が長くなります。体育や休み時間、またはほかの学習中に、友だちや教師と接触して、相手の顔や手足をひっかいたり、傷をつけることがあります。

休み時間中に2人の男の子がボールのとり合いになって、ひとりの子どもの伸びたつめが相手の目に入り、眼球を傷つけてしまうケースがありました。

自分もけがをしやすい

つめが伸びていると、自分自身もけがをしやすくなります。

体育の時間、走っていて転んでしまった子どもが、手をついた拍子に、伸びていたつめが割れてしまったことがありました。

また、ドッジボールをしていて、飛んできたボールをよけようと手を上にふり上げたとき、つめで自分の顔や目を傷つけてしまった子どももいました。

つめには汚れがたまりやすい

つめが伸びていると、つめのあいだに汚れがたまり、雑菌が繁殖します。そのような手で食事をすると、バイ菌が口のなかに入り、病気の原因になることがあります。

指先を器用に使えない

鉛筆で文字を書いたり、教科書や本のページをめくるなど、指先を器用に動かすには、つめが長すぎても短すぎてもよくありません。長すぎるとつめがひっかかりますし、短すぎては指先に力が入らないからです。

子育てのポイント

●つめに関心を持たせる

つめは何のためにあるのでしょう。

つめは皮膚の角質が硬くなったもので、指先を保護し、指先に力を入れたり、細かい作業をしやすくしたりします。つめが1日に伸びるスピードは、平均0・1〜0・4ミリほどです。

健康なつめはピンク色でつやがあります。自分のつめはどうでしょう。親子で少しつめに関心を持ち、一緒に見てみましょう。

●週に一度はつめのチェックをする

つめは伸びすぎても切りすぎてもいけません。一週間に一度、曜日を決めてつめを切ります。日曜日の夜、お風呂上がりはどうでしょう。次の日からまた新しい一週間がはじまりますし、風呂上がりでつめも柔らかいのでちょうどよいのではないでしょうか。

●自分でつめを切れるようにする

幼児のうちは親が切ってやりますが、小学校に入学するころからは、定期的に自分でつめを切れるようにしたいものです。

最初はつめ切りの持ち方や切り方を指導しなければなりません。右利きの子どもの場合は、まず左手のつめを切らせ、左利きの子どもの場合は右手のつめを切らせます。

慣れないうちはテーブルの上でつめ切りをさせます。何度か一緒に練習するうちに、自分で上手に切れるようになるでしょう。

親や兄弟が切っているのを見て「自分も…」と考えるようになったらしめたものです。

◆つめの切り方

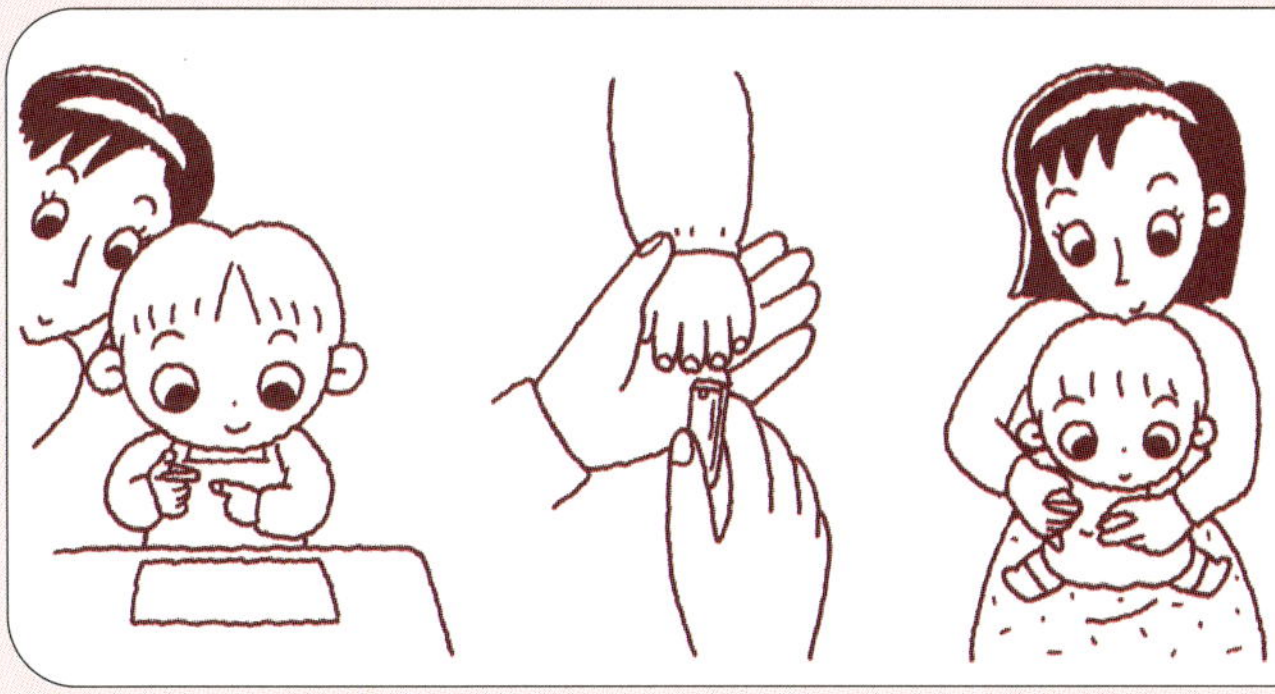

41 トイレにいく

小学校では、授業中でもお構いなしにトイレにいく子どもが増えています。そのため教室はざわついた雰囲気になり、授業に集中できなくなります。また、遊びに夢中になり、おもらしをしてしまう子どももいます。排泄の自立が遅れているようです。

授業中にトイレに立つ子ども

ひと昔前までは、授業中にトイレにいくことは恥ずかしいことでした。しかし、最近小学校では、授業中にトイレに立つ子どもが増えてきました。

授業中にひとりがトイレに立つと、そこで授業は中断されます。低学年のころは、ひとりが「トイレ」というと、ほかの子どもまでつられて、次々にトイレにいきたがり、授業にならなくなる場合もあるのです。

さらに最近では、この状況が中学生・高校生・大学生にまで及んでいます。トイレは原則として休み時間にいく、という習慣が身についていないのです。

おもらしをしてしまう子ども

低学年では、おもらしをしてしまう子どもがたまにいます。たいていの場合、遊びに夢中になってしまってトイレにいきそびれたことが原因のようです。

従来これは3、4歳の幼児に見られる現象でした。紙オムツの使用が排泄の自立を遅らせているという説がありますが、どうもその遅れが小学生にまでずれ込んでいるようです。

紙オムツは、子どもになるべく不快感を与えないようにつくられているため、紙オムツを使用してきた子どもは、排泄の自立に遅れが出る場合があるようです。

ウンチはくさくて汚ない物?

オシッコのときは何の抵抗もなくトイレにいく子どもたちも、ウンチとなるとかなり抵抗があるようです。

ウンチは「くさくて汚い」から、学校でするとからかわれることがあるからです。人間も犬や猫と同様に、食べれば排便をするのがあたり前で、後始末をきちんとすればよいのだということが、理解されていないのです。

時間に対するけじめがなくなる

「トイレは原則として休み時間に」という習慣が崩れてしまうと、休み時間と授業中の区別がつきにくくなってしまい、けじめがつけられなくなります。

また授業中にトイレにいく子どもがいると、それによって授業が中断しますし、トイレにいった本人は、そのあいだまったく授業に参加できないわけで、学習に遅れが出てしまいます。

排泄の習慣の自立は、生活習慣全体の自立のバロメーター

排泄の習慣がきちんと身についていない子どもは、生活習慣全般の自立が遅れているように感じます。

排泄の習慣は生活リズムに大きく影響を受けるので、排泄をコントロールできないということは、生活リズムが乱れ、生活全体にけじめやメリハリがなくなっているということを示唆するからです。

子育てのポイント

●けじめのある生活を送る

排泄を自分でコントロールできなければ、生活できません。そのためには、けじめのある生活を心がけましょう。

日々の生活をだらだらと過ごしていると、生活習慣全般がルーズになり、排泄の習慣も、なかなか自立できません。

●何かをする前には
トイレにいく習慣をつける

休み時間にトイレをすませる習慣をつけさせるのはもちろんのこと、何か行動をする前にはトイレにいく習慣をつけさせておきましょう。

そうすれば、どこへいくときも安心ですし、活動に集中できます。

●必要以上に「くさい」
「汚い」といわない

清潔の習慣をつけることは大切ですが、大人が必要以上に、ウンチは「くさい」「汚い」といった言葉を多用するのはよくありません。

●大便の大切さを教える

ウンチがなぜ出るのか、また、体が健康であれば、食べた物は胃や腸で十分に消化され、色や量、硬さなどもちょうどよいウンチが出ることなどを教え、ウンチをすることは、あたり前で大切なことであるということを教えましょう。

＊　＊　＊　＊　＊

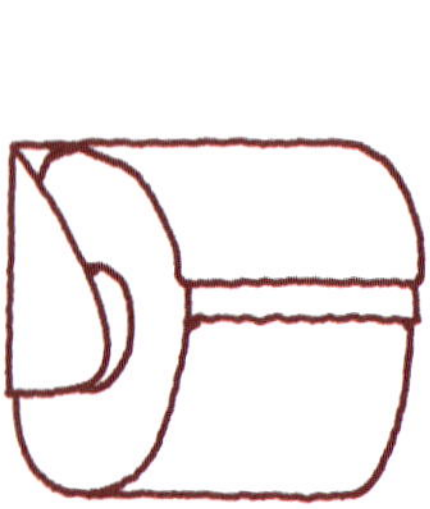

42 トイレを使う

小学校のトイレはとても汚れています。和式トイレの使い方に慣れていない子どもたちが汚してしまうのです。学校のトイレは和式が中心です。しゃがむこともできないようでは困ります。また、お尻のふき方もきちんと身につけましょう。

トイレを汚す

いま小学校のトイレは「汚い・くさい・暗い」の3Kなどといわれています。その原因のひとつには、子どもたち自身が汚していることがあげられます。

低学年のトイレはとくに汚れています。トイレットペーパーが長々と床をはっていたり、ウンチやオシッコが、便器からはみ出して周囲を汚していたりすることもしばしばです。

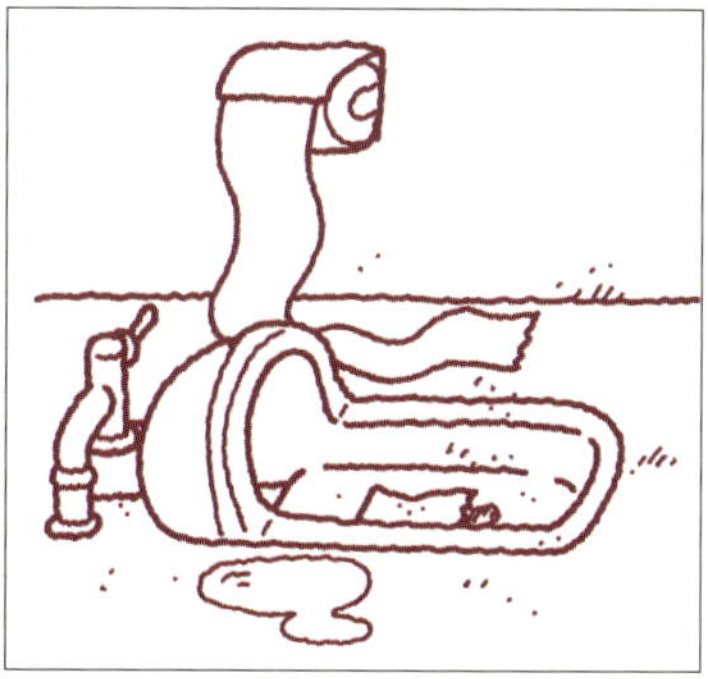

和式トイレの使い方が分からない

学校のトイレは和式が中心です。最近はほとんどの家庭が洋式トイレなので、和式トイレの使い方に慣れていないようです。ですから、子どもは深くしゃがみこむ姿勢をとるのに一苦労してしまいます。

足首の関節が硬く、しかもすねの筋肉が弱いので、しゃがみこんで体を支えていることができないのです。結局、中腰の姿勢で用を足すことになり、オシッコやウンチが便器からはみ出してしまいます。

また、しゃがむ位置もよく分かっていません。なるべく前の方にしゃがまなければ、後ろにはみ出してしまいます。

洋式トイレがないと困ってしまう

和式トイレの使い方を知らないと、外出先で思わぬ困難を強いられることがあります。

和式トイレがたくさん空いているのに、数少ない洋式トイレを求めて、子どもたちが列をなしているという場面を、最近よく見かけるのです。

親が、和式トイレを使うようにいっても、子どもは頑として拒みます。

洋式トイレがひとつでもあればよいのですが、全部和式トイレだった場合、我慢しながら洋式トイレを探し回ることにもなりかねません。

流さない・ふかない

トイレを使った後、流さないまま出てくる子どもがいます。家のトイレとは、流すときのレバーが違うからなのでしょうか。

さらに、ウンチをしてあるのに、トイレットペーパーでふいた形跡がないこともあります。ふかないまま、流さないまま、平気でいる子どもが案外いるのです。

どうもトイレットペーパーの切り方やお尻のふき方が身についていないようです。

高学年の子どもたちが困る

低学年が使うトイレの掃除を、高学年の子どもたちが担当している学校も少なくありません。

ところが、あまりにも汚れがひどいので、とても苦労しています。低学年をかわいいと思う気持ちも揺らいでしまうのではないでしょうか。

炎症を起こしてしまう

お尻をきちんとふけない子どもは、排便後そのまま下着を着けてしまうことになります。これは大変不衛生です。

下着が汚れるので、本人も気持ちの悪い思いをしているでしょう。バイ菌が入って炎症を起こしてしまう可能性もあります。

子育てのポイント

●トイレの違いに慣れる

子どもを和式トイレに慣れさせるために、外出先などで和式トイレがあったときには大人が一緒に入り、しゃがみ方やしゃがむ位置を教えてやってください。

足首が硬い子どもや筋力の弱い子どもには、正座をする機会を増やしたり、しゃがんで遊ぶ機会を意識的に増やしたりすることもよいでしょう。つまり、蹲踞の姿勢を教える必要があるのです。

●お尻のふき方を教える

お尻をうまくふけない子どもには、トイレットペーパーの使い方から教えてやります。

子どもは、トイレットペーパーをだんごのように丸めて使っていることが多いので、折りたたむようにして面をつくるとふきやすいことを教えましょう。

また、女の子の場合は、ウンチの後にバイ菌が入りやすいので、前から後ろに向かってふくことをぜひ教えてやってください。

●自分で後始末をする

使用後に水を流さなければ、次の人がとても迷惑をします。自分で汚した便器は、トイレットペーパーでふき取っておくことも教えたいものです。

トイレに限らず、公共の場を汚してしまったときには、自分でできる後始末はきちんとする習慣を身につけさせましょう。

＊　＊　＊

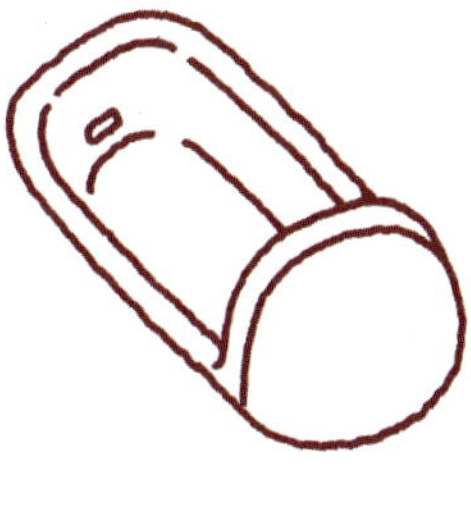

43 自分の体の不調が分かる

学校では集団で生活しているので、教師がいつも子ども一人ひとりの体調に気を配ることはむずかしいことです。また、保健室にお世話になるときは、先生に具合の悪いところや、もし分かる場合はその理由をいわなければなりません。ですから、普段から子どもは自分の体調の変化に気づき、自分のことばで伝えられるようにしておくことが必要です。

赤ちゃんは気分が悪くても訴えることができない

乳幼児期の子どもが体調を崩したとき、母親は子どもの顔色や機嫌の悪さなど、普段と違ったようすからそのことに気づき対応します。それはまだ幼い子どもは、気分が悪くなってもそれをことばで訴えることができないからです。

子どもの具合が急に悪くなるのはなぜ?

子どもはそのときの体調を考えて適度に遊ぶ、などということはできません。夢中になって遊んでいるため、周りから止められるまで、疲れを知らずに動き回ります。子どもはいつも急に具合が悪くなったように見えるのは、そのためなのです。

授業をしているとき、子どもが突然吐いてしまった、なんていうことは、低学年を受け持つ教師なら、一度は経験するでしょう。こんなときは大変です。もちろん授業は中断して、教師は具合の悪い子どもへの対応や片づけをしなければいけません。

そして、子どもの具合が落ち着いてから「今度具合が悪くなったときは、遠慮しないで早めに先生や友だちにいってね」と話してやります。

不規則な生活習慣が原因で体調を崩す

とくに低学年の子どもは、不規則な生活習慣が原因で体調をくずしてしまうことが多いものです。

大人と一緒に夜遅くまで起きていて寝不足になってしまうと、当然翌朝はなかなか起きられません。その結果、朝食もとらずに登校することになります。

そうすると、授業中に眠くなったり、給食の時間までにおなかが空きすぎて、気分が悪くなったりしてしまいます。これでは学習に集中できません。

授業中、ある女の子の顔色があまりよくないことに気づいた教師が、その理由をたずねてみると、朝、家族で寝坊してしまい、その子どもは朝食をとらずに登校していたことが分かりました。学校まで2キロ以上ある道のりを、毎朝歩いて登校している子どもでした。

おなかが空きすぎて気分が悪くなったことが分かったので、教師は女の子を保健室に連れていき、食べ物を与えました。じきに女の子は元気になって教室に戻ることができました。

毎朝の健康観察

朝の会で、出席調べと同時に、健康観察をしている学校があります。

名前を呼ばれたら返事をして、そのときの体調を自分でいうようにします。変わりないときは「はい、元気です」、どこか具合が悪いときは「はい、風邪を引いています」、さらに「のどが痛いです」「きのう熱が出ました」というように具体的にいえるようにします。

花粉症の時期には「目がかゆいです」「鼻水が出てたいへんです」なんていえるようになり、クラスの子どもたちも、次第に友だちの体調に気を配ることができるようになっていきます。

子育てのポイント

●矢継ぎ早に質問しない

家では、お母さんが子どものようすの変化に気づいたら、まず子どもに「どうしたの？」と尋ねてください。お母さんの方から「具合悪いの？　おなかが痛いの？」と矢継ぎ早に聞いてしまうことはいけません。子どもが自分のことばでいう機会をなくしてしまうからです。

そして「頭が痛い」と子どもが訴えたなら、どこかに頭を打ちつけたからなのかなど、その原因を知るために理由を聞きます。そのときも自分でいえるようにさせておきます。

自分の体の不調が分かり、ことばで伝えることができるようになれば、子どもも安心して学校生活を送れることでしょう。

●家庭でも子どもの健康をチェックする

子どもが一日、元気で学校生活を送れるようにするために、登校前には、家庭でもぜひ子どもの健康チェックをしてみてください。

朝の忙しい時間に、子どもの健康状態を細かく診る余裕はなかなかありませんが、「おはよう。今日も元気？」と、子どもに声かけするだけでよいのです。

返ってきた返事の声色や、そのときの顔色を見れば、親は、子どもの体調のよし悪しに気づくことができます。

子どもにとっても、親に体の調子について聞かれることで、次第に、その日の体調を自覚することができるようになっていきます。

＊　＊

44 時間の区別がつく

子どもと時間の約束を決めていますか？　就学前に、家庭で時間についての約束事があるかないかで、小学校に入ってからの学校生活に大きく影響を及ぼします。入学してまもなくのころは、「○○ちゃんがいません」ということばを、子どもたちから何度となく聞くことになります。

チャイムがなくなりつつある

従来、小学校にはチャイムがあり、鳴るものだと思われてきました。しかし、最近、チャイムの回数を減らしたり（休み時間終了の合図・そうじ時間終了の合図など、学校全体で行動する時間だけに鳴らす）、まったく鳴らさない（ノーチャイム）小学校が増えてきており、小学校からチャイムがなくなりつつあります。

なぜでしょう。

理由のひとつは、学校のカリキュラムが変化し、2時間続きで授業をおこなうことが多くなったからです。その場合、あいだでチャイムが入らない方が、子どもたちは学習に集中することができるので、クラスに応じて学習時間を整えやすいのです。

また、以前とくらべると、子どもたちは時間を守ることができなくなってきており、チャイムの回数を多くすればするほど、その音に慣れてしまい、聞き流してしまうようになったことも一因です。

呼ばれるまで戻ってこない

小学校に入学して、はじめの3日間は大変です。「チャイムが鳴ったら戻ってくるのですよ」と教師がいっても、全員がきちんと時間通りに教室にそろっていることはほとんどありません。1人や2人は必ず、多いときには7、8人もの子どもが教師が呼びにいくまで戻ってきません。

学校に慣れた3、4年生や5、6年生になっても、時間を守れない子どもたちがいます。時間を守れない子どもは、自己中心的で協調性に欠けたいい加減な人間になってしまいます。

授業中にトイレに立つ

家庭で排泄の習慣が身についておらず、学校のトイレに長時間入っている子どもたちもいます。便秘がひどく、決まって授業中に腹痛を起こし、トイレにかけこむ子どももいます。野菜など、繊維質の多い食べ物をとりたがらない子どもの多くは、こんな悩みもかかえているのです。

トイレは休み時間にいくというのが前提です。授業中にトイレにいけば、そのあいだ授業を受けられないので、学力が低下しかねません。

おしゃべりが止まらない

授業中にもかかわらず、関係ないものを机の上に出していたり、友だちとおしゃべりをしたりするなど、遊んでよい時間と、そうでない時間の区別がつかない子どもがいます。

先生が注意するなどして授業が中断すれば、本人だけでなく、クラス全体の貴重な学習時間が失われることになります。これは大変残念なことです。

時間内に移動できない

学校は集団生活の場なので、決められた時間通りに行動する必要があります。

小学校では、教科専用の教室に移動して学習することが多くあり、音楽や理科、体育、総合の時間などは、休み時間中に教室を移動しなければなりません。

そんなとき、遊びに夢中

になり、始業時間に遅れてくる子どもがいます。

全員がそろうまで授業をはじめられず、クラス全体に迷惑がかかります。

安全対策にも力を入れている

昨今は非常に物騒な世の中になってきており、各小学校では、安全対策に力を入れています。

ひとりでも時間通りに姿を現わさないと、職員全員で探すことになります。本人は何らかの事故に巻き込まれる可能性もありますし、ほかの子どもたちへも迷惑がかかってしまいます。大切な時間を全員そろって楽しく学習できるようにしたいものです。

子育てのポイント

●おやつの時間や寝る時間を決める

就学前に、時間を守る意識や経験を子どもにさせているかどうかは、その後の学校生活に大きく影響します。就学前に時間を意識できれば、小学校へ入学してからも、あわてたり、戸惑ったりせずに、落ち着いた気持ちで小学校生活にすぐなじめるようになります。この時期の経験がとても大切なのです。

おやつの時間、寝る時間などを決めておくことで、子どもは、くつろいだり休んだりする時間と、夢中になって何かに取り組む時間があるということが分かるようになります。

そうすることで、次第に時間の区別がつくようになります。

45 人の話を聞く

学校という集団生活の場では、教師は子ども一人ひとりにではなく、クラスまたは学年全体に話をする場面が多くなります。しっかり聞いていないと、集団行動からはずれてしまったり学習についていけなくなったりします。

何回も聞き返す子ども

「次の時間は体育です。着替えて体育館に集合。それから色ごとに準備体操をしていること」

このように教師が話をしていると、突然ある子どもが「せんせ〜、どこでやるの〜?」と、質問してきます。すると、「いま、先生がいったでしょ。ちゃんと聞きなよ」と、別の子どもが質問をした子どもに注意をします。

こんなやり取りが、教室では毎日のようにくり返されます。はじめに「なにやるの」と質問した子ども、そして「ちゃんと聞きなよ」と注意した子ども、この顔ぶれは不思議といつも同じです。

朝会はおしゃべり会?

いまの子どもたちにとって、朝会などで静かに話を聞くことは、むずかしいことのひとつです。

「おはようございます」と校長先生が話をはじめますが、それをどのくらいの子どもたちがきちんと聞いているでしょうか。話が終わって校長先生がお辞儀をしたのにも気づかずに、となりの友だちとおしゃべりに夢中になっている子どもがいっぱいいます。

朝会に工夫をする学校

そこで、朝会の仕方を工夫をする学校が出てきました。

週のはじめや、休日の次の日は子どもが落ち着かないので、火曜日に朝会を設定している学校。話し手ができるだけ身近な存在になるように、学年または2学年ごとのブロック単位でおこなう学校。より落ち着いて聞ける姿勢をとらせるために、広い校庭よりも限られた空間の体育館で子どもたちを床に座らせて話を聞かせる学校、とその工夫はさまざまです。

その結果、朝会時の私語が減り、子どもたちが落ち着いて校長先生のお話を聞くことができるようになるなど、一定の効果が出ています。

全体への指示で行動できる

幼稚園や学校という集団生活の場では、教師は子ども一人ひとりにではなく、クラス全体に分かるように話をします。

たとえば、教師がクラス全体に、算数の計算の仕方についての説明をしたとします。きちんと聞いて理解ができた子どもは、次々に練習問題を解くことができます。

しかし、そのとき説明を聞いていなかった子どもは、全体への説明の後、教師の個別での指導が必要になります。

これは毎日くり返されることですから、だんだんほかの子どもよりも学習が遅れていってしまいます。

遠足帰りのバスのなかで「学校に着いたら、一度集まって担任の先生の話を聞いてから帰りましょう」という指示があったにもかかわらず、バスを降りると、さっさといなくなってしまった子どもがいました。

その後、担任が学校の周辺を探しましたが見つからず、電話で自宅に連絡をしたところ、無事帰宅していることが分かりました。

「話を聞く」という姿勢が身についていないと、遠足など校外学習のとき、決められた場所や時間に集合できなくて、集団行動からはずれてしまうことになりかねません。

子育てのポイント

●用件を伝えたいときは子どもと目を合わせて

お母さんが夕飯の仕度をしながら、「○○ちゃん、テーブルにお箸やお茶碗を出してね」といいます。しかし子どもは一向に動こうとしません。

今度は「○○、聞いているの?」と大きな声でいいます。テレビやゲームに夢中になっていた子どもは、そこでようやくはっと気づき、お母さんの方を見ます。

「もう、ちゃんと聞いていないんだから。そうやって、学校でも先生の話を聞いていないんでしょう」なんていうお母さんの小言が聞こえてきそうです。

子どもに何か用件を伝えたいときには、まず子どもの視線が自分の方に向いているかどうかを確認します。向いていないときは、子どもの名前を呼び、注意を向けさせてから用件を伝えます。

●名前を呼ばれたら返事をする

名前を呼ばれたときには、ちゃんと返事ができることも大切なことです。子どもが話をちゃんと聞いているかどうかは、その表情からくみ取れるでしょう。

●聞く姿勢を身につける

話を聞くときは軽くうなずきながら聞く。そして、分からないときは、「もう一回いってください」ということができる。そういう姿勢を身につけさせることが大切です。

＊　＊

46 静かにすべきところでは静かにする

子どもは元気で活発ですので、教室や廊下で友だちと大声で話したり、騒いだりすることがあります。しかし、それが授業中や保健室の近くであっては困ります。騒々しいなかでは、集中して課題に取り組むことはできませんし、病人にとっても迷惑です。静かにしなければならないところでは、静かにできなければなりません。

授業が中断してしまう

授業がはじまり、子どもが集中して取り組んでいるとき、廊下から子どもの大きな声がして、一時授業が中断することがあります。

入学式や卒業式といった儀式的な行事は、来賓や大勢の保護者が参加して厳かにおこなわれます。新入生や卒業生にとっては、晴れの舞台です。

このような場所では、少々の話し声が、式全体を台なしにしてしまいます。

しかし、子どもたちの話し声が騒々しく、先生が注意しても収まらずに混乱する学校もあります。

ただ最近は、子どもの話し声より、参列者の携帯電話の方が要注意になりつつあります。また、授業参観などでは、保護者の話し声が授業の妨げになることも多くなりました。

気をつけたいものです。

病人や来客者がいます

保健室には、体調を崩した子どもが、休んでいることがあります。

また、校長室、会議室等には来校者があり、大切な話をしていることもあります。

多くの子どもは、そのような場所では気をつけて行動できるのですが、低学年の子どもにはくり返し指導しないと、迷惑をかけてしまいます。

正確な診断ができない

小学校では、だいたい4〜5月ごろ、学校医が健康診断をおこないます。

健康診断では、内科、歯科、耳鼻科があり、うるさくしていると、雑音で正確な診断ができなくなってしまいます。

いざというとき逃げ遅れる

小学校では年に数回防災訓練をおこないます。その際、子どもには「お・か・し」（おさない・かけない・しゃべらない）を守って行動しましょうと教えます。

緊急時、大勢の人間がすみやかに避難するためには、静かに連絡放送を聞き、冷静に行動することなのです。たとえ休み時間であっても、緊急校内放送が聞こえないほどうるさいようでは困ります。

子育てのポイント

そのマナーを具体的に教えます。

●迷惑をかけることとは何か日々の生活で考える

だれでも他人から迷惑を受けたくないと思うものです。どうしたら迷惑をかけずにすむのか、相手の立場になって考え、行動することを、機会あるごとに教えます。

●大人も人の話は静かに聞くという習慣を身につける

人の話を静かに聞けない子どもが増えています。しかしそれは、子どもに限ったことではなく、地域の成人式などで毎年見られるように、大人自身が静かにしていられなくなっているのです。

社会全体の問題として、大人がもう一度考え直す時期に来ています。

●周りの人への関心を高めるようにする

何かしてもらったら「ありがとう」といい、間違ったら「すみません」という。私たちの生活は、人との結びつきで成り立っていること、また、お互いがいろいろと支え合って生活していることを教えます。

このことが、他人の存在を意識することになり、静かにする場所では静かにできる子どもを育てる基礎になります。

●静かにするべき場所でのマナーを教える

親子で外出するときは、しつけのよい機会です。乗り物や病院、劇場、博物館など、静かにしなければならない場所では、

47 自分の物と他人の物の区別をする

教室には持ち主の分からない忘れ物や落とし物がたくさんあります。また、友だちの物を自分の持ち物のように勝手に使ってしまい、トラブルになることもあります。「自分の物と他人の物の区別をする」「物を大切にする」ということを、しっかりと教えます。

勝手に他人の持ち物を使う

「○○ちゃんが、勝手に私の道具箱のなかを見ます」「××くんが、勝手に私の消しゴムを使います」

　このような苦情を子どもたちからよく受けます。

　さらには、教師の机や棚に置かれたハサミやホッチキス、セロハンテープなどを、何の断わりもなしに勝手に使っている子どもを見かけます。これらは、教師が使ったり、ときには子どもたちに使わせたりするために用意している物ですが、決して勝手に使ってよいわけではありません。

　自分の物と他人の物の区別をできない子どもがいるのは、どうしてでしょう。

プリントに自分の名前を書く

学校からは、学校だよりをはじめ、学年・学級通信、保健室だより、給食献立表などから、個人面談の希望日を尋ねるものや、健康診断の問診表などの大切な通信物まで、ほとんど毎日、さまざまなおたよりが配られますが、それらをなくしてしまったり、となりの子どもの分まで持ち帰ってしまったりする子どもがいます。放課後の教室の床に、大切なおたよりが落ちていることも珍しくありません。

　そのようなことを防ぎ、子どもたちに自分の物という意識を持たせるために、おたよりにはすぐに自分の名前を書かせ、何が何枚配られたかを子どもと一緒に確認します。

そのほか、宿題のプリントやテスト用紙にも、真っ先に記名させています。

学校は落とし物でいっぱい

学校では、懇談会のときに、校庭や玄関に置き忘れられて持ち主が分からないままの服や傘などを展示して、保護者に見てもらうことがあります。

教室では毎日、鉛筆や消しゴム、ハンカチなどの落とし物があります。

落とし物係という係ができると、帰りの会などで係の子どもが「ハンカチが落ちていました。だれのですか？」というように落とし物の紹介をします。

しかし、持ち主はほとんど出てきません。

自分の物かどうか分からない

ハンカチくらい、自分の物かどうか分かりそうなものですが、係の子どもが用意した落とし物箱には、みるみる落とし物が増えていきます。

落とし物箱のなかには、名前の書かれている物まで入っていることがあり、「これ、△△ちゃんの物でしょ。名前書いてあるよ」と落とし主の子どもに直接返します。

しかし、それでも「ほんとうに自分の物なのかな？」とでもいいたそうな顔をして受け取りにくる子どもがいます。なぜ自分の物かどうかが分からないのでしょう。

子育てのポイント

●「自分の物」を使う

普段使うお箸や湯飲み、ご飯茶碗などは、家族それぞれが自分の物を使うようにします。食事のときは、子どもがそれらをテーブルにセッティングするお手伝いをしながら、だれの物か区別をつけられるように練習します。

●家族のあいだでも、物を借りるときは聞いてから

自分の物と他人の物との区別をつけられるようにするために、家庭でも、「自分の物」「家族みんなで使う物」「自分以外の家族の持ち物」をそれぞれ区別するようにしましょう。

もし自分以外の家族の物を使うときは「これ使ってもいい?」と、必ず持ち主の許可を得てから使うように習慣づけます。家族のあいだでも、勝手に使ってはいけないということを教えましょう。

●「物を大切にする」という気持ちを育てる

子どもが落とし物をしても気づかずにいるのは、「物を大切にする」という気持ちが欠けているためだと思われます。物を大切にしていれば、何かをなくしてもすぐそれに気づき、自分で探そうとします。

親がまず、物を大切に扱ったり、使ったりする姿を子どもに見せ、子どもの「物を大切にする」気持ちを育てます。

そうすることで、だんだんと自分の物だけでなく、他人の物や公共の物を大切にするという心が育っていきます。

●物をなくしたときは探す習慣を

学校に入学したばかりのころは、学校の仕度を子どもと一緒にしてやってください。

そのとき、たとえば筆箱に、その日に持っていった鉛筆や、消しゴムがちゃんと入っているかどうか、ハンカチなどを持ち帰ってきたかどうか、確かめてください。

もし何か足りない物があったら、次の日に学校で探すようにさせます。

子どもは、友だちの教科書やノートなどを間違えて持ち帰ってきても、それに気づかないでいることがよくあります。

親が一緒に持ち物の管理をしてやっていると、早めの対応ができて、また、子どもにそのつど、適切な指導ができます。

48 公共の物を大切にする

休み時間の後や放課後の校庭をよく見ると、どこの小学校にもボールのひとつやふたつは落ちています。ボールには学級名や学校名が書かれていて、みんなで使用する物とすぐ分かります。物が豊富な時代になり、自分の持ち物さえも大切にできない子どももいます。

学級備品が使えなくなることがある

クラスにはたいてい、備えつけの鉛筆削りや、テープカッターなどがあります。

しかし、鉛筆削りには削りくずや芯がつまり、テープ台にはセロハンテープがなくなっていて、使えないことがあります。

水や電気を出しっ放し、つけっ放しにする

水が出しっ放しになっていたり、電気がつけっ放しになっていたりすることがあります。

無駄遣いをしている子どもには、水や電気を大切に使うように注意しますが、なかなかすべてに目をいき届かせることはできません。

石けんはまだ使えるのに捨てられていたり、トイレットペーパーも、床に転がって使い物にならなくなっていたりします。

図書室の本やコンピュータの扱いが乱暴

学校の図書室の本は、すぐに傷んでしまいます。破けたり、ページが抜けたりしている本もあります。

コンピュータ室は、マウスやヘッドホンが壊れていて困ることがあります。

いたずらが増えている

廊下の壁や、掲示物にいたずら書きをする子どもがいます。

だれが書いたかすぐ分かってしまう教室ではなく、

理科室や家庭科室などの特別教室に多く見られます。

物を壊しても平気

子どもたちがボール遊びなどをしていて、窓ガラスを割ってしまうことがあります。

しかし、「割りました」と自ら名乗り出てくる子どもは少なくなりました。

何となく気まずい、という思いよりも、割ってしまってもとりかえればよいと思って平気でいるようです。

また夜間、学校に侵入し、わざわざガラスを割るという事件も報道されています。

他人に迷惑をかけても平気な若者が多くなり、困った問題になっています。

子育てのポイント

●みんなで使う物は大切にするという感覚を育てる

外出先で、子どもが公園の水道やトイレ、遊具などを使ったときは、それらが汚れていたり、壊れていたりしたらどう思うかと問いかけるなど、公共物（みんなで使う物）のありがたさや大切さについて、その場で具体的に考えさせていきます。

●壊れた物は戻らないことを教える

みんなで大切に使っている公共物や他人の物は、それぞれ大きな価値を持っています。

壊れたら新しい物を用意すればよいというものではなく、それを使う人たちの心も壊してしまうのだ、ということを教えます。

●省エネ、リサイクルを考慮した家庭生活

日ごろから、部屋を出るときには電気を消す、手洗いや歯みがきのときに、水を勢いよく出さない、壊れても、修理できる物は修理するなど、省エネやリサイクルに心がけ、子どもに物の大切さを教えます。

●自分の物を大切にすることからはじめる

持ち物の管理を年齢とともに子どもに任せていくなかで、自分の物という所有感を持たせます。

名前を書き、ていねいに扱うことを通して、物への愛着心がついていきます。

＊　＊　＊

49 人の物をとってはいけないことが分かる

たくさんの物に囲まれて生活をしている子どもたちは、人の物も自分の物もあまり大切にしない傾向があります。そのため、人の物をとるという行為をとても軽く考えているようです。とられた人のことも思いやれるような気持ちが育っていません。

持ち物がなくなる

日本はとても豊かで平和な国ですが、近ごろの子どもたちの道徳意識は、かなり崩れてきているといわざるを得ません。机の上に置いておいたはずの教科書や筆箱がなくなった、下駄箱のなかのくつがなくなった、雨の日に傘がなくなった、といったことは、実はどこの小学校でも結構起こっています。

中学校、高校になると、もっと高価なものがなくなることもしばしばです。そしてとった子どもは「自分が忘れて困ったから」「自分もとられてなくなったから」などを理由にし、「だからとったのだ」と、人の物をとったことに対して、あまり罪の意識を感じてはいないようなのです。

万引きの増加

大型店舗やコンビニといった、店の人の目が届きにくい形式の店舗が増えてきました。そのためか、万引きの増加が社会問題になっています。

子どもたちは、目の前に並ぶ豊富な品物を見ているうちに、欲しくなって手を出してしまうようです。我慢する力が弱くなっているのです。

また、中高生や大人の万引きも増えており、小さな子どもにとっては悪いモデルが増えています。

自己中心的な子ども

人の物をとってしまう子

どもの思考は、自己中心性が強いのが特徴です。自分の都合を優先し、とられた相手が困ることには考えが及ばないのです。

他人を思いやる心や、人の痛みを分かろうとする心が育っていないことは問題です。

我慢できない子ども

「人の物をとってはいけない」というのは、小学生でも当然身につけるべき社会のルールです。それを守れなければ、友人関係も保てないでしょうし、将来健全な社会生活を送れる大人にはなれないでしょう。

しかし、なかには我慢する力が弱く、このルールを守れない子どもがいます。

子育てのポイント

●社会のルールを小さなころから意識づける

人の物をとることは絶対にいけないこと、犯罪である、ということを小さなころから子どもの意識のなかに刷り込む必要があります。

「見つからなければ犯罪にはならない」と考えている青少年や大人がいる現状で、親としてやるべきことは、小さなうちからくり返し社会の常識やルールを教えていくことでしょう。そして、とられてしまった人がどんなに困っているか教えましょう。

子どもが小さな時期に、しっかりと社会の常識やルールを身につけることが大切です。

●持ち物を大切にし、管理する

自分の持ち物を大事にすることも大切です。自分の持ち物には必ず名前をつけ、「自分の物だ」という意識をしっかり持たせます。

持ち物をなくしてしまったときには、すぐに新しい物を買い与えるのではなく、なぜなくしたのかを一緒に考えてみる必要もあります。

すぐに新しい物を買ってしまっては、我慢する気持ちも、物を大切にする気持ちも育ちません。自分の物を大切に思えなければ、人の物はもっと軽視してしまうでしょう。

他人の物でも、その人にとっては大切な物だ、ということが理解できれば、人の物をとることはないはずです。

50 善悪の判断がつく

授業中の教室で、机の上を歩いている子どもがいます。当然、叱られます。すると、その子どもは「自分が楽しいことをやっているだけなのに、どうしていけないの？」と聞いてきました。その子どもには、どのあたりから話してやればいいのでしょう。

快感と不快感

赤ちゃんは、表情や仕草で快と不快を親に伝え、世話をしてもらいながら成長します。歩き出して、活動範囲や能力が広がるにつれて、いろいろなことをし出します。快感を感じることはやり続け、不快感をともなうことは嫌がります。

「ダメよ！」からはじまります

普段はやさしく声をかけていても、親としては、子どもがいたずらをしたときには「ダメよ！」と強く制止します。

そんな親の声や仕草から、子どもは自分にとって快感を感じることでも、やってはいけないことがあるということを学びはじめ、善悪の判断の基礎が形成されていきます。

頭ごなしに叱っても意味がない

学校では、子どもが悪さをした場合、教師は、何が悪かったのか、子ども自身にいわせたり、説明をしたりします。なぜなら、子ども自身がなぜ悪いのかが分かり、納得することによってはじめて指導が成立するからです。

頭ごなしに叱るだけではダメなのです。

どうして叱られるのか分からない子ども

善悪を、自分にとってよいことか、そうでないかだけで判断している子どもには、教師がいくら指導しても、その内容を理解できません。それは子どもにとっても、つらいことなのです。

自分にとって快いことがそのまま認められる環境に育つと、どうして叱られるのか分からないからです。

教師やほかの大人の指導によって、徐々にでも理解できるように育っていけばよいのですが、なかなか容易ではありません。

中学年の子どもでしたが、学校の壁に、マジックでいたずら書きをしました。担任の教師が、マジックをとり上げて、謝るよう注意しましたが、その子どもは「マジック返せよ！」と文句をいうだけで、まったく謝ることができません。「謝れば返します」といってもダメです。

結局、その子どもを校長室へ連れていき、保護者の方をお呼びしました。ところが、いくらいい聞かせても、まったく聞き入れようとはしませんでした。

友だち関係がぎくしゃくする

よくあるのは、友だちとのトラブルです。ほかの子どもに誤ってぶつかられたり、「ダメだよ」などとちょっといわれたりすると、相手にそれ以上のことばや、暴力を返してしまう子どもがいます。相手が謝っても、自分の気がすむまではやめません。

そんなことが重なると、本人自身が友だち関係をなかなかつくれなくなったりして、そのうちに学校へいくこと自体が嫌になってしまうこともあります。

子育てのポイント

●「悪いことは悪いこと」と毅然とした態度で伝える

「子どもの個性や主体性を大切にしましょう」ということがよくいわれます。口当りのよいことばですが、善悪の判断は、教えなくても自然に身につくものではありません。

子どもが悪いことをしたときは、「それは悪いことである」としっかりと教えましょう。子どもが泣いても騒いでも、親の毅然とした態度が大切です。

●一貫した対応をとる

その際、大切なことは、子どもへの対応を一貫させることです。そのつど対応が変わってしまうと、子どもは混乱してしまい、そのときどきの快・不快で善悪を把握しがちになります。

●毎日の会話のなかで善悪を教える

子どもとの会話のなかで、具体的な事例を出し、善悪についてくり返し話し合いましょう。よいお話の本を読み聞かせてもよいでしょう。

●よいことをしたらほめる

子どもが、ほかの子どもに、よいことをいったり、したりしたときには、よくほめてやりましょう。

たとえ子どもが悪いことをした場合でも、謝ることができたときには「素直によく謝れたね」と笑顔で頭をなでてやります。

毅然とした態度の後に、そんな共感的な態度を示すことで、善悪に対する基本的な判断力が育っていきます。

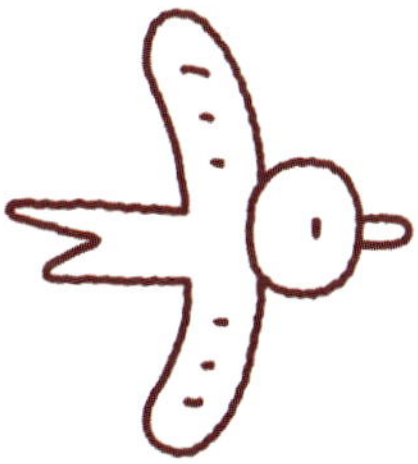

51 人の嫌がることはいわない・しない

小学校に入学したら新しい友だちをいっぱいつくりたい。この願いは子どもにとって大きなものです。「自分がされて嫌なことは、友だちにも決してしてはいけない」ということは、友だちと一緒に楽しく学校生活を送るために守らなければいけないルールです。

教師は苦情処理係

朝、教師が打ち合わせを終えて教室に入ると、数人の子どもがやってきて「先生、先生」と何かを訴えはじめます。ときにすごい勢いで怒った顔をして話をしにくる子ども、また泣きべそをかきながらくる子どももいます。

「どうしたの?」「何があったの?」と聞いても、そんなときは興奮していて、聞いている者が分かるように上手に話をすることはできないものです。

「授業前の貴重な時間なのに」と、教師が半分イライラしながら聞いていると、ことのなりゆきを見ていた子どものみならず、そうでない子どもまで集まってきて話しはじめます。自分の余計な感想までつけ加えたりして。

教師は、子どもの意見を整理するのにひと苦労。そしてクラスのみんなも、それに延々とつき合わされかねません。

これは一年生の教室でよく見られる光景です。

人にちょっかいを出す子どもたち

給食中に汚い話をして友だちに嫌がられる子ども。いつもは一緒に帰っている友だちに対して、「今日はほかの子と帰るから一緒に帰れない」といって仲間はずれ的な嫌がらせをする子ども。自分の前の席に座っている友だちの椅子にわざと机をくっつけてガタガタさせる子ども。

そんな子どもはたいてい、はじめは自分からちょっかいを出しておいて、仕返しされると怒りはじめます。なんとも勝手な話ですが、子どもたちのあいだではよくあることです。

友だちの反応を見て楽しむ

ちょっかいを出す子どもは、友だちが嫌がるようなことをしたりいったりして、その反応を見て楽しむことが目的のようです。

嫌がらせをされても仕返ししてこないおとなしい子どもよりも、ちょっかいを出されると、大げさに反応する子どもの方が、嫌がらせの対象になります。そして、それがけんかにつながれば、嫌がらせをした子どもの思うツボなのです。

ほんとうは一緒に遊びたい

友だちに嫌なことをしたり、いったりする子どもは、何か自分の気持ちを伝えようとしたり、一緒に遊んでもらえる仲間を探していたりするのです。

しかし、そのきっかけをうまくつくることができず、人にちょっかいを出してみたり、相手の嫌がることをしつこくいってみたりするのです。

その結果、相手に嫌がられたり拒否されたりして、さらには相手のその態度に腹を立てて、しまいにはけんかにエスカレートするという構図なのです。

子育てのポイント

●「自分が嫌なことはだれに対してもしてはいけない」ことを教える

子どもが人の嫌がることをしたり、いったりした場合、「もし、自分が同じことをされたらどう感じるか」を考えさせ、「自分が嫌なことはだれに対してもしてはいけない」ことをしっかりと教えます。これはしつけの基本です。

●自分の考えを話す練習をしよう

自分の気持ちを相手にことばで伝えるための言語表現の能力を養うことも必要です。

1〜2歳の幼児ふたりが、それぞれ別のおもちゃで遊んでいたとします。一方の子どもが別の子どもの持っているおもちゃに興味を持ち、何もいわずに突然そのおもちゃをとり上げたとしたら、とり上げられた子どもは大泣きするでしょう。

しかし、簡単なことばを話せるようになり、「かして」とか、「いっしょにあそぼ」とか、気持ちを伝えられるようになると、友だち同士のやりとりが成立してトラブルが回避され、お互いに楽しく遊ぶことのできる関係がつくられます。

ほんとうは一緒に遊びたいのを嫌がらせという形で表現してしまう子どもには、「一緒に遊びたかったのね。そんなときは『遊ぼう』ってひとことといえばいいのよ」と気持ちの伝え方を教えます。

相手に自分の気持ちを分かってもらえるよう、年齢に応じて、筋道を立てて、自己主張ができる力を身につけさせたいものです。

●大人の態度を見直す

ときどき、大きな声を出して友だちを威嚇するような男の子を見ることがあります。そのような子どもの場合、家庭で父親の影響を受けているのかもしれません。

普段は無口なお父さんが、なにかの拍子に大きな声で一喝して、自分の思いを家族に押しつけようとする。そんな父親のまねを子どもがしているのです。親が過度に威圧的なために、子どもが萎縮してしまうようなところがないか、子どものようすを見て、ときどき反省してみましょう。

＊　＊　＊

52 悪いことを認めて謝る

子どもたちは、さまざまなことにたいへん興味関心を持ちます。自分の思いや興味を実現させることで、いつも頭がいっぱいです。そのため、よく考えずに行動してしまうのです。そのような子どもたちだからこそ、物事には善し悪しがあることを大人が教えてやらなければならないのです。

悪いと思わず行動する

小学校では、友だち同士の口論がよく起こりますが、これは当然のことです。子どもたちは、友だちとの関わりを、学校という集団のなかで学ぶからです。

子どもたちは、自分のしたことが人に迷惑をかけたり、嫌な思いをさせたりすることもあるとはゆめゆめ思わずに行動します。ですから、自分の行動を「いけないよ」「ダメだよ」と否定されると不愉快になり、口論になります。

ときには、相手を叩いたり蹴ったりと手や足が出てしまうこともあります。

欠点を見つけるのが上手

子どもたちはよく友だちの言動を見ています。さらに、子どもは人の欠点を見つけるのが上手です。友だちの欠点を見つけると、すぐに「先生、○○さんは△△△なんだよ」と伝えにきます。

この言動がもとで、友だちと口論になることがあります。しかし反対に、そうして教えにきてくれたから、子どもたちの行動がよく分かり、大事にならずにすむこともあるのです。

家の人に叱られるのが怖くて謝れない

月曜日に、上履きを忘れる子どもがいます。忘れたとき、学校によっては、安全面を考えて、上履きを貸し出すところもあります。

もちろん、借りたときは洗って返さなければなりません。しかし、借りたまま返さない子どももいます。

いつまでも返さない子どもにその理由を聞いてみると、「家の人に叱られるから

『上履きを忘れて学校のものを借りた』とはいえない」と答えました。

しかし、いつまでも返さないことが気まずくなったのか、やがて「持ってきました」と汚れた上履きを差し出しました。明らかに洗った上履きではないことが分かります。

休み時間の口論が授業中まで続く

子どもは自分の思いや考えを伝え合いますが、それが高じると、ときには口論になることもあります。

うまく謝れなかったり、納得する謝り方をされなかったりすると、休み時間内では口論がおさまらず、授業中にまで続いてしまうこともあります。

興奮して心が落ち着かないため学習に集中できません。いつまでも引きずらないように、お互いに心から謝り合えるようにしたいものです。

素直に謝れない、いいわけをする

読書後、読んだ本を元の位置に戻さない子どもがいます。

「この本は元の場所にありますか？」と注意すると、「ぼくだけじゃないよ。○○ちゃんもやってたもん」などといいわけが返ってきたりして、素直に謝れないことがあります。

しかし、このようなことばは、だれしも一度や二度は口にしながら成長してきたのです。口答えやいいわけが少なくなり、悪いことをして注意されたとき、すぐに謝れるようになれれば、立派な人間への第一歩を踏み出したといえるでしょう。

子育てのポイント

●謝り方を大人が教える

人間が成長する過程で、自分の思いを伝え合うことはとても大切なことです。それが口論になってもかまいませんが、相手を傷つけてしまうようではいけません。

子どもが、相手を傷つけてしまう前に、大人や周りにいる人たちが、止めたり、謝り方を教えます。

●叱りすぎない

子どもが忘れ物をしたとき、大人はたいてい叱ります。当然です。しかし、叱りすぎてはいけません。大人だって忘れるときがあるのです。

「人に迷惑をかけることになるから、これからは気をつけようね」と失敗を前向きにとらえられるようにしてやりましょう。

●頭ごなしに叱らない

頭ごなしに叱らない、なぜ悪いのか理由をはっきりいって、子どもが悪いと思えるように誘導することが大切です。

給食の食器を配るとき、誤っておかずを友だちの机の上にこぼしてしまうことがあります。

そんなときは「わざとではないのですが、○○さんには迷惑をかけてしまいましたね」と失敗してしまった子どもに悪気はなかったことをまず認めてやり、それでも迷惑をかけたことは知らせます。

●上手な叱り方

「悪いと思ったらすぐに謝れる」素直な心を育てることが大切です。そのためには、大人の上手な叱り方がポイントになります。

まず、悪いことをしてしまった子どもにも、日ごろ、よいところがあるはずです。

「○○くんはいつも○○なよいところはあるのですから、○○なことはしないように気をつけようね。だから謝れるよね」と、よいところを認めてから叱るのもよいかもしれません。

●いいわけ、口答えに対処する

「ぼく／わたしだけじゃない」「いまやろうと思ってたところなのに」などの口答えやいいわけをする子どもがいます。

しかし実は、子どもは大人のまねをしているのです。まず大人が、このことばをいわないように気をつけましょう。

＊　＊　＊

53 「ありがとう」「ごめんなさい」などをいう

「ありがとう」「ごめんなさい」は、豊かな人間関係を結ぶ上で、なくてはならない大切なことばです。しかし、最近の子どもたちは相手の気持ちが分からないのか、すぐに「ありがとう」「ごめんなさい」ということができません。それが、子ども同士のトラブルを長びかせる原因のひとつになっています。

「ありがとう」といえない子ども

学校では、友だちから消しゴムを借りたり、けがをして保健室に連れていってもらったりすることはよくあります。友だちに何かしてもらったときには「ありがとう」と感謝の気持ちを伝えるのですが、それをなかなかいえません。

しかし、ことばに表さなければ、感謝の気持ちは伝わりません。「ありがとう」のひとことで、はじめて相手の心と自分の心を通わせることができるのです。

「ごめんなさい」といえない子ども

してはいけないことをしたときに、素直に「ごめんなさい」といえず、友だちとけんかになったり、先生に注意されている子どもがいます。このひとことをいえないために、その子どもはどんなに損をしているでしょう。

いつも仲よくしている友だちともなかなか元の関係に戻れずに、自分でもどうしていいか分からないのです。

相手の顔を見ていえない子ども

「ありがとう」「ごめんなさい」を、相手の顔を見ていえない子どもがいます。

子ども同士では、それが原因で、とっ組み合いのけんかになることもあります。

友だちが離れてしまう

「ありがとう」や「ごめんなさい」ということばは、相手が自分のために何かしてくれたときや、自分が相手に迷惑をかけてしまったときなどといった、人との親密な関わりのなかで使われます。そこが「おはよう」「さようなら」などのあいさつとは違うところです。

ですから、必要なときに感謝や謝罪の気持ちをことばで表さないと、人間関係を円滑に進めることができず、周りの人から信頼されなくなり、だんだんとひとりでいることが多くなってしまいます。

子育てのポイント

●家庭のなかで意識して使おう

日ごろから感謝の気持ちを持っている子どもは「ありがとう」ということができます。また、素直に過ちを認めることができる子どもは、きちんと謝ることができます。

家庭のなかでも、この2つのことばは意識して使いましょう。日ごろからお父さんやお母さんたちが使っていれば、どのような場面で「ありがとう」や「ごめんなさい」をいうのかが分かり、学校でも自然にいえるようになるでしょう。

●そのときどきの場面で教える

最近の子どもたちは兄弟が少なく、大人に過保護に育てられているせいか、相手の気持ちが分からないことが多いようです。自分がどんなことをしたら相手がうれしいのか、あるいは嫌なのかを、そのときどきの場面で子どもに教え、考えさせます。

●相手の顔を見て「ありがとう」「ごめんなさい」をいう

自分の感謝の気持ちや謝罪の気持ちは、必ず相手の顔を見ていわないと伝わりません。普段、なかなか口に出して「ありがとう」「ごめんなさい」をいえない子どもには、家庭で親が相手になり、顔を見ていえるようにさせましょう。

そして、上手にいえたら「○○ちゃん、大きな声でいえたね」とほめてあげましょう。

＊　＊

54 自分のことは自分でする

集団生活のなかでは、持ち物の管理や着替え、準備や後片づけなど、自分のことは自分でできないといけません。入学前にもう一度子どものようすをチェックしてみましょう。

体操着を忘れたのはお母さんのせい？

「先生、体操着忘れちゃった。お母さんが入れてくれなかったんだもの…」

「洗濯してくれるのはお母さんでも、それを学校に持ってくるのはあなたですよ」

忘れ物をさせないように、大人が気を配ることはもちろん大切なのですが、用意までしてしまっては、意味がありません。「自分のことは自分でできる子ども」に育てるのが親の役目です。

自分で片づけなさい

給食の時間、「先生、スープがこぼれた！」

給食を運んでいる途中によくあることです。気のきく何人かの子どもが、雑巾やティッシュペーパーをとりに走ります。

しかし当の本人はその場に立ったまま片づけようとしません。「自分で片づけなさい」というと、やっと動き出しました。

おそらく家庭では、大人が飛んできて片づけてしまうのでしょう。

あふれる落とし物

教室は落とし物であふれています。いちばん多いのが「鉛筆」です。名前が書いてあっても、本人はなくしたことにさえ気づいていません。

　まさかと思って「みんな、毎日自分で鉛筆を削って、筆箱の準備をしてきているよね？」と聞いたら、「お母さんがやってくれる」と答える子どもがいました。

「削らない！」と答えた子どももいてそれはそれで問題ですが、親の手の引き際は、考えていかなければなりません。

「先生やってー」

　何でも助けてくれる大人がいると、子どもは自分で考えようとも、やってみようともしなくなります。集中力や忍耐力にも欠け、「できない。先生やって」と何でも大人を頼るようになってしまいます。

手のかけすぎは自立の芽をつむ

　あげ句の果てに、「できなかったのは先生が手伝ってくれなかったからだ」「プリントがなくなったのはお母さんがなくしたからだ」などと、大人がよかれと思って手をかけすぎた結果、自立の芽をつみ、さらに子どもに恨まれるという皮肉な結果になってしまいます。

子育てのポイント

●あたり前のことをあたり前にできるようにする

小学校では上履きを履きますが、6年生を担任したとき、「いままで一度も自分の上履きを洗ったことがない」という子どもがいました。これには周りの子どもも驚いていましたが、子どもの成長とともに、自分でできることを増やしていき、あたり前のことをあたり前にできるようにしたいものです。

●できるようになったことに誇りを持たせる

自分のことを自分でできるようになるということは、子どもが大人に向かって成長していくことです。

朝、ひとりで起きられるようになった、パジャマをたたんでしまえるようになった、園に持っていくかばんの準備や片づけをできるようになった…。毎日の生活のなかで、ひとつずつでも、少しずつでも、できるようになったことはほめてやりましょう。

できるようになってうれしい、大きくなったんだという誇りを子どもに持たせることが、自分に自信を持つことにつながるのです。

親や保育者は、やってやるのではなくやり方を教え、子どもができるようになるまで支援をしていきます。

●親は子どもの召使いにならないように

「お母さん、のどがかわいたー」と子どもがいったとき、コップに飲み物を注ぎ、子どもの目の前に出したりしていませんか？「冷蔵庫に麦茶があるよ」のひとことでよいのです。自分のことは自分でするのがあたり前、と子どもが思うようにします。

●こんなところをチェックしましょう

子どもが小学校生活につまずかないために、自分でできるとよいことをチェックポイントとしてまとめてみました。

◇自分の持ち物を決まった場所に片づける
◇脱いだ服をたたむ
◇食事中にこぼしたものは自分で拾ったり、ふいたりする
◇鉛筆を削る
◇手洗い・うがいをする
◇園から帰ったら、連絡帳やお知らせのプリントを出す（出す場所を決めておく）
◇翌日の持ち物の準備をする

55 ひとつのことにじっくり取り組む

ひとつのことにじっくりとり組むことは、小さな子どもにとっては大変むずかしいことです。しかしそれができないと、望ましい学習習慣が身につきません。周りの大人が注意深く見守り、適切に支援します。

集中力が続かない

小学校の授業の単位時間は、通常45分で、それは1年生も同じです。教師は、子どもの集中力が持続するように、途中に作業活動などを取り入れ、授業に工夫をこらします。

それでも、飽きてしまって立ち歩いたり、友だちにちょっかいを出す子どもが出てきます。

ひらがなをしっかり書けない

1年生では、ひらがなやカタカナを学習します。ところが最近、反復学習の苦手な子どもが増え、学習進度は年々遅くなっています。

ひらがなや漢字、九九を覚えるには何度も練習することが不可欠で、学校ばかりでなく、家庭の応援も必要になります。

できないとすぐあきらめてしまう

体育の授業で、なわとびや鉄棒をします。何回も何回も練習しないと上手になりませんが、できないとすぐあきらめてしまう子どもがいます。

中学年になっても、逆上がりができない子どもも増え、運動能力に個人差が目立つようになりました。

テストで適当に答えを書く

学力テストを実施したとき、はじまって10分程度で終了した子どもがいました。

不思議に思って答案用紙をのぞくと、適当に丸をつけたと思われる答えがありました。

面倒がって問題をろくに読みもせず、適当に答えてしまう子どもがいます。

飼育や観察が長続きしない

最近、長期間にわたって動植物を世話したり、観察したりすることが苦手な子どもが増えてきました。

1年生は、生活科の授業で朝顔を育てます。子どもたちは最初、芽が出るのを楽しみに、毎日水をやります。

しかし、日がたつうちに、飽きてしまってだんだん世話をしなくなる子どもが出てきます。

そのような子どもには、担任が声をかけ、全員の花が枯れずにうまく咲くよう支援しますが、なかには、それでも何もしない子どももいます。

クラス全体がそわそわしてしまう

低学年のころは、ひとりの子どもがトイレにいくと、それにつられて授業に集中できなくなった子どもが、我慢できずに席を立ってしまうことがあります。

学習に遅れが出てしまう

学校は学習の場ですので、分からないことやできないことがあってもよいのです。

しかし、そのときじっくりと腰を据えて学習に取り組めないと、学習に遅れが生じてしまい、次第に、遅れが遅れを生む悪循環に陥ってしまいます。

子育てのポイント

●遊びが根気を育てる

子どもは、興味を持った遊びには集中して取り組むものです。

それが親にとっておかしなものであっても、途中で止めさせないようにしましょう。

もし、子どもが引き出しに興味を持ってしまったら、中身を全部いじられるくらいの覚悟を持って、見守ってください。

●自分のことは自分でするようにしつける

小さな子どもでも、好きなことはじっくりと取り組むことができます。

しかし、お手伝いや、手洗い、歯みがきなどは嫌がって逃げてしまいがちです。また、洋服のボタンを留めたり、たたんだりというのは、小さな子どもにとっては根気のいる作業です。

しかし、このような子どもの嫌がることでも、身につけるべき生活習慣なら、小さなころから、親が根気強く目当てを持ってさせましょう。そして、できたらほめてやり、勇気づけてやれば、子どもはできるようになります。

●子どもの取り組みを見守り励ます

ひらがな、カタカナ、漢字、九九などをおぼえることは、子どもにとってとても辛いことです。しかし、我慢してくり返し練習しなくては習得できません。

根気よく反復練習をできるようにするには、学校だけでなく、家庭のあたたかい支援が必要不可欠です。

とくに低学年では親からの賞賛は何よりのものです。できたとき、ほめられることが次に進もうとする意欲につながります。

しかし、最近は大人の生活スタイルが多様化してきていて、だんだん家庭の支援が少なくなっているようです。家庭の支援が受けられないと子どもはなかなか成長しません。

●動植物の世話をさせる

子どもが動植物を欲しがったり、世話をしたがったりしたときには、子どもにその世話をさせてみるとよいでしょう。

動植物を毎日世話することによって、子どもの根気強さが養われるとともに、生活に潤いと安らぎが出てきます。

＊　＊　＊　＊

56 嫌なことでも我慢する

最近の子どもたちは「我慢」ができなくなったといわれます。実際、ここ数年の新入生を見ると、「我慢をする経験」が不足したまま入学してくる子どもがたいへん多いのが現状です。

「だって、つまらないんだもん！」

入学式は、子どもたちにとって、実は退屈な時間です。あくびをしながらも、けなげにじっと座って頑張る1年生…、だったはずが、ここ数年はすっかり様変わりしました。

長引く話に耐えきれず、椅子をガタガタさせる、周りの子とじゃれ合いをはじめる…。おしゃべりをしてしまう子どももいます。やむなく、教師が注意にいくと「だってつまらないんだもん」

「嫌だ」とはっきり、意思表示

「それでは、ひらがなのプリントをやりましょう」と教師がいうと、「えーっ、嫌だー」という声。それもひとりやふたりではありません。

それでもとにかく作業ははじまります。しかし、途中で飽きてしまい、席を立ったり、友だちにちょっかいを出したり。最後まで仕上げることができません。

教師が注意したら、「もうやりたくない」といってプリントをゴミ箱に捨てたという、ウソのようなホントの話もあります。

「やらなければならないことは我慢してやるのですよ」といっても、入学してからこれをしつけるのは、時すでに遅しです。

「みんな持ってるから買って!」

「子どもをダメにしたいなら、欲しがる物はすべて買ってやりなさい」

ここまで極端なことはないにしろ、子どもたちは「欲しい物を我慢する」という体験をしているのかと不安になります。いつの時代もそうですが、ある時期、なぜか子どもたちのあいだで爆発的にはやる物があります。しかしどんなにはやっても、本当に「みんなが持っている」ことなどめったにないのです。

しかし多くの親がこのことばにゆれてしまいます。

「みんな持っているから買って!」

親が「必要ない」と頑張っても、おじいちゃん、おばあちゃんが買ってくれたりして、子どもたちの多くが「欲しい物はたいてい手に入る」と思っているのではないでしょうか。

小学校生活が成り立たない

やりたくないことはやらない、食べたくないものは残す、苦手なことはやりたくない、努力や忍耐力が必要なことはまっぴらごめん、面倒なことも嫌だ…。

子どもが「嫌だ」ということに対して、大人はどう接してきたのでしょう。

小学校のように、大勢が一緒に勉強したり生活したりする場所では、嫌なこと、つまらないことでも、我慢してやらなくてはならないということを教えていかなければなりません。これが分からないと、小学校生活は成り立たず、学習どころではないのです。

子育てのポイント

●「やりたいこと」と「できること」の違いを教える

子どもには「何でもやりたがる時期」があります。もちろんできることはどんどん体験させるべきですが、その子どもにはまだあきらかに早すぎることには「まだ早すぎる」ときっぱりといいましょう。「やりたいことが何でもできるわけではない」という経験をさせるのです。「大きくなるまで我慢する」「もう、1ステップできるまで待たせる」その積み重ねが「我慢」につながります。

●自業自得から学ぶことも

たとえば、おやつは決まった時間に決まった量だけ、と子どもと約束したならば、それをしっかり守ります。そして、子どもが夕食をあまり食べずに、寝る前になって「おなかが空いた」といったとしても、朝ご飯までは我慢させましょう。そのくらい徹底したしつけが必要です。

翌朝ご飯を食べながら、子どもは「もっとおやつを食べたくても、我慢して夕飯をきちんと食べよう」と学ぶのです。我慢を学ぶことで、さまざまな場面で自制心をはたらかせることができるようになるのです。

●友だちとのトラブルも大切

子どもが育つなかで、友だちとの遊びほど多くのことが学べる場はないでしょう。

子ども同士の遊びでは、お互いの欲求がぶつかり合います。ですからお互いの我慢なくして、遊びは成立しないのです。

もし、トラブルにつながったとしてもマイナスばかりではありません。相手の気持ちを考えることや、我慢することを学ぶ大切な機会にもなるからです。できるだけ子ども同士で遊ぶ機会をつくりましょう。

●「個性尊重」の本当の意味を知る

「一人ひとりの個性を伸ばそう」といった教育方針があります。

でもそれは「好きなことだけをやらせるのではない」のです。また「のびのび自由に」は、好き勝手にさせることではないのです。

我慢ができたり、ルールを守れてこそ、はじめて個性や自由が尊重されるということです。子どもが小さなころから、親はこのことをきちんといい聞かせ、しつけをしましょう。

57 集団で行動する

集団行動は管理主義的だということで、子どもが学校での集団行動になじめないのは、個性の表われのようにとらえる見方があるようです。けれども、いま学校で求められている集団行動には、昔のような一糸乱れぬ管理主義的要素はほとんどありません。

みんなと元気に歩きましょう

運動会の季節になると、大人は、毎日行進の練習に汗する子どもの姿をイメージすることでしょう。

ところが、私が勤める学校では、運動会の入場行進の練習は、たったの1回だけです。当然、一糸乱れぬ姿なんて要求しません。とりあえず、元気にみんなと歩ければよいのです。

ほかのことでも同様で、集団行動で管理主義的な要求をされることはかなり少なくなっているのです。

集団での行動が苦手な子ども

1対1の関係しかつくれない子どもは、集団で行動することが苦手です。そういう子どもは「自分のとなりにいる子どもは自分とは関係ない」と考えています。したがって、一緒に何かをしたり、人にそろえようという気持ち自体がありません。いつまでも自分中心なのです。

学校の役割

学校の役割は、基本的な学力を身につけさせることと、集団でくらしていくための他者との基本的な関わり方を、結果として身につけさせることです。

しかし日常的には、基本的な学力でさえも、子ども同士の関わり合いのなかで、互いに学び合っていくという場面が多いものです。

たとえば、1時間目の国語の時間、漢字の読み方が分からない男の子に、となりの女の子が教えてあげます。2時間目の算数の時間、計算の方法が分からない女の子に、今度はとなりの男の子が教えてあげます。

ふたりが「ありがとう」とことばを交わすことができれば、互いに教え合える、仲のよい友だちとして過ごすことができます。

集団としてまとまっている学級では、このような関係が学級全体に広がっているものです。

先生の指示を聞けない子ども

学校では集団で過ごしますので、教師はいろいろな指示を子どもたちに対して出します。ところが、集団行動が苦手な子どもは、自分の名前が呼ばれない限り、教師の指示は自分に出されたものだとは思わないようです。

教師が指示を出しているときは、勝手なことをしていて、指示が終わった後に「どうするのですか」と、いま指示した内容を聞きに来るような子どもが増えています。

ひとりだけ別な行動をとる

指示を聞いていないと、何をしたらよいかわからないので、ほかの子どもが指示にしたがって何かをやり出したとき、ひとりだけ勝手なことをしたり、ふらふらと別な活動をしたりします。

そんな子どもは、運動会のときなど、行進するための整列さえできないことがあります。ときには、遠足などで、みんなと一緒に行動できずに、行方が分からなくなったりすることもあります。また、学校にいても、ひとりで勝手に家に帰ったりすることもあります。

集団で行動できないと、

事故に巻き込まれる可能性も高くなり、大変危険です。

学校生活がつまらなくなる

学習でも運動でも、みんなとともに過ごすなかで、分からないことを教えてもらったり、一緒にゲームをして楽しんだりします。その体験を通じて、子どもは、集団で行動することのよさを理解していきます。

その最初の段階で、ほかの子どもとうまく関わることができないと、結局は、学校で過ごすことがつまらなくなってしまいます。つまらないから、ほかの子どもと争いになったり、学校へ行くこと自体が嫌になってしまうのです。

子育てのポイント

●話をよく聞く習慣をつける

集団行動は、まず人の話を聞くところからはじまります。子どもと話しながら、教師や友だちがいったことや、学校や園での生活について、いろいろ質問してみましょう。子どもがいろいろ話すことができたら、よく聞いているということです。たくさんほめてやりましょう。

●友だちの大切さを通じて集団行動の大切さを学ぶ

以前、1学期のあいだ、何度もふらっと学校を抜け出して家に帰ってしまう子どもがいました。ところが、2学期になるとそのような行動は見られなくなったのです。それは仲のよい友だちができたからでした。

友だちとの関係が自然に広がっていくことで、子どもは集団で過ごすことのよさや大切さを学んでいきます。

●トラブルをよい機会に

友だちとの関係は、いつもうまくいくとは限りません。いろいろとトラブルを起こして、子どもが訴えてくることや、学校から連絡がくることもあります。

そんなときは、自分の子どものいい分を鵜呑みにせずに、むしろ友だちとのつき合い方を学ばせるよい機会と考えて対応しましょう。これを機会に、ほかの子どもと仲よくすることや、そのために自分も譲ったり、我慢することが大切であるということなども改めて教えてやりましょう。その積み重ねが、集団で行動できる力を身につける基礎となります。

58 さまざまな危険から身の安全を守る

子どもたちをとりまく社会には、さまざまな危険があります。ここでは、子どもが自分の身を守るために大人が教えるべきことについて考えてみましょう。

名札をつけるのは校内だけ

子どもたちをねらう犯罪の増加から、名札をつけるのは校内のみにしている学校が増えてきました。登下校時、名札の名前を読んで知り合いを装った犯人から、子どもが声をかけられるなどの被害があったためです。

家庭でも学校でも「知らない人にはついていかない」と、子どもたちにいい聞かせますが、名前を呼ばれると、子どもはつい気をゆるしてしまうのです。

飛び出しによる交通事故が多い

子どもの交通事故のおよそ6割は無過失ですが、それ以外でもっとも多いケースが道路への飛び出しです。なかでも自転車による飛び出しが目立ちます。

小学校では交通安全教室などを実施し、子どもたちに安全教育をしていますが、事故報告は絶えません。

見通しの悪い十字路や、友だちの家の門から出るとき、左右をよく確認せずにぱっと飛び出してしまうため、車やバイクと接触事故を起こすのです。

●子どもの事故原因　（%）

原因別	構成率
飛び出し	12.1
駐車車両の直前（後）横断	2.1
信号無視	2.7
路上遊戯	1.1
横断歩道外横断	9.1
幼児ひとり歩き	0.9
違反なし	61.0
その他	11.0
合計	100.0

2002年「かながわの交通事故」より作成

刃物に対する体験不足

「危ない、危ない」と先回りして、子どもたちを危険なものから遠ざける風潮があります。いまの子どもたちが、包丁や小刀、カッターナイフなどを、家庭で使いはじめるのはいつごろなのでしょうか。

入学してくる子どもたちを見ていると、ハサミはほとんどの子どもが使えますが、カッターナイフや包丁は一度も使ったことがないという子どももいます。

　小学校に入ってカッターをはじめて手にした子どもは、持ち方を知りません。ダンボールに刃をつき立てて、柄をにぎりしめて切ろうとしている子どものところへあわてて飛んでいったことがあります。

　刃物の体験不足は、かえってそれが危険なものであるという認識を不足させるように思います。

水の危険を体験する

　スイミングスクールの普及とともに、入学してくる子どもの泳力に随分と差が出てきました。泳げる子どもはほとんどスイミングスクールで習っています。反対に泳げない子どもは、水にもぐることも浮くこともできない、と両極端なのです。

　小学校では夏の間、水泳の授業があります。1年生のうちはプールの水位を下げ、水遊び程度が中心ですが、泳げない子どもの家庭では、水で遊ぶ機会も少ないのではないでしょうか。

　現在の小学校では、水泳指導のなかで「着衣水泳」という指導をします。不意に水に落ちたことを想定して、服を着たままプールに入るのです。水を吸った服は重くなり、身動きのとれない状態になった子どもたちは大騒ぎになります。

　とにかくよけいな動きはしないで浮いていればよいのですが、そのことを実際に体験させることがとても大切です。

子育てのポイント

●具体的な場面を想定して危険への対処の仕方を教える

小さな子どもでも「知らない人にはついていかない」としっかりということができます。

しかし、子どもは具体的な場面を想像して、そのように答えているわけではありません。ですから、大人が具体的な場面や状況を想定し、そのつど、くり返しいい聞かせていくことが必要です。

たとえば、子どもと道を歩いているときに「もし、知らない人から『道を教えて欲しいから、ちょっときてくれる?』と声をかけられたらどうする?」という問いかけをします。

大声を出す、逃げる、近所の家にかけこむ、近くの大人を呼ぶなど、その場でできることをやってみせ、具体的にシュミレーションさせます。

また日ごろから、地域の行事には、子どもと積極的に参加しましょう。地域の方々の目は、子どもの強い味方になります。

●地域の道路を観察する

入学前には、通学路を子どもと一緒に歩いてみます。交通状況はもちろん、危険な場所はないか、チェックしてみるのです。

子どもと一緒に自転車で学区を走ってみてもよいでしょう。ここでは必ず止まる、横断歩道は自転車から降りて渡る、など親がきちんと教えましょう。

●子どもの五感を鍛えて危険を予測できるようにする

刃物の光沢、切れ味、とがった感じなど、実際に使ってみなければわからない感覚を、できるだけ子どもに体験させていくことがとても大切です。正しい使い方をしっかりと教えれば、子どもはきちんと使えるようになります。小さなけがは大きなけがを防ぐのです。ちなみに、いまから50年以上前の１９４９年に発表された牛島義友博士の「社会的生活能力検査」によれば、「小刀で鉛筆を削る」動作は、７歳くらいでできるようになることが望ましいとされています。

マッチでろうそくに火をつけることも、花火の正しい遊び方も、大人が手本を見せながらしっかり教えておきましょう。

川遊びをたくさんして育った子どもは水の怖さをよく知っているように、五感をたくさん使うことで、危険に対する予測もできるようになっていくのです。

59 自分の名前・住所・電話番号をいう

各学校には教育委員会などから変質者、いたずら電話をはじめ、いろいろな事件・事故など、物騒な情報がファックスで流れてきます。ほんとうに嫌な時代です。「人を見たら泥棒だと思え」ではありませんが、自分で自分の身を守ることが必要です。そのためにはまず自分の名前、住所、電話番号、親の名前などをしっかりといえるようにしておくことが重要です。

より危険なのはやっぱり学校の外

いまや、学校にも不審者がナイフや棒を持って入ってくる時代になり、子どもにとって、学校が絶対に安全な場所であるとはいえなくなりつつあります。

とはいえ、件数的には、子どもの事故は、学校内や家庭内でよりも、その外で生じることの方が多いのが一般的です。

たとえば、校内で迷子になって泣いていたとしても、だれかが必ず話しかけてくれ、担任の教師などに連絡がつくので、大事に至ることはほとんどありません。

しかし、学校の外で迷子になってしまうと、少々危険になるのです。

迷子になったとき

夕方6時ごろ、ある親から学校に電話がかかってきました。「子どもが遊びにいったまま帰らない」とのこと。

みんなが心配しましたが、しばらくして、コンビニエンスストアから家庭に電話があったという連絡が学校に入りました。

その子どもは、迷子になってしまったものの、自分でコンビニエンスストアを見つけ、お店の人に自宅の電話番号をいって連絡してもらったようです。

親は、すぐに迎えにいったとのこと。みんなほっと胸をなでおろしました。

名札をつけさせない指導も多い

最近、子どもの名前や住所、学校名を不審者に特定されないように、校外では名札をつけないよう指導する学校が多くなりました。

ただそれでは、たとえば子どもが交通事故にあったときなどには、名札から氏名や住所を特定することができなくなります。

万が一のときに、自分で名前などをいえるようにしておくと、すぐ親へ連絡することできます。

逃げこんだ先で名前をいえないと困る

不審者に追いかけられて、どこかの家に逃げこんだときなどは、落ち着いた後も、子どもだけで帰すわけにはいきません。保護者の方に迎えにきてもらうか、警察に連絡します。

そんなとき、自分の名前や電話番号をいえないと、相手の方は困ってしまいます。

保護者が留守がちなときは学校に連絡がいく

最近では、共働きの家庭が多くなってきました。

学校としては、保護者が留守のときには、子どもに何かあった場合、すぐに駆けつけられるように連絡が欲しいものです。

そんなとき、子どもが自分で名前などをいえると、連絡がつきやすくなります。

落ち着いた後に名前をはっきりいえること

何か起きたときは、子どもはたいていびっくりしたり、泣いてしまったり、興奮したりしています。

そんなときは、おぼえているはずの電話番号もなかなかいえないものです。いえたとしても、もごもごと小さな声になってしまったりします。

それでも落ち着いたら、はっきりいえるようにしておくことが必要です。

子育てのポイント

●学校からの連絡を分かりやすく子どもに伝える

いろいろな事件や事故があるたびに、学校は各家庭に連絡をします。学校からの手紙などはよく目を通すようにし、手紙の内容について、子どもにも分かるようにやさしく伝えます。子どもに何か事故があったら、とても悲しいことなども伝えます。

そして、近くの大人に頼る方法や、自分の名前などをはっきりいえることの大切さを教えます。

●名前や電話番号を書いた紙を持たせる

子どもが小さなうちは、名前や電話番号を書いた紙を袋に入れて、首に下げておくこともひとつの方法です。

少し大きくなったら、その紙を持たせて、大きな声で読ませましょう。はっきりいえたり、見ないでもいえるようになったら、ほめてやりましょう。しっかり暗唱できるようになれば、袋も卒業です。

●一緒に歩きながら

実際にいろいろと事故が多いのは、下校時であり、裏道です。子どもと一緒に通学路などを歩いてみましょう。歩きながら、「子ども一一〇番の家」（メモ参照）を確認したり、ここでこんなことがあったらどうするかなどを子どもに想定させて、対応を考えてみましょう。そのつど、自分の名前と電話番号などをいう練習もお忘れなく。

はじめはゲームのようにおこなっても構いません。はっきりいえたときは、ほめてやります。

●情報を仕入れる

子どもがいろいろな場面に遭遇することが予想されます。親自身が情報を仕入れて、さまざまな場合を想定してみることも必要です。

メモ　子ども一一〇番の家

子どもが不審者などに遭遇した際に、子どもの保護と警察などへの通報をお願いしている制度。子どもの緊急避難場所として、商店街や民家合わせ、全国で130万カ所以上が登録している。該当の家には、目印の看板やステッカーなどが貼ってある。各地域に必ずあるので、万が一のために子どもと一緒に確認しておくとよい。

60 友だちと仲よく遊ぶ

子どもは遊ぶことが大好きです。友だちと仲よく遊ぶためには、みんなで決めたルールやマナーを守らなければいけません。しかし、子どもたちが遊ぶようすを見ていると、決まった友だちとしか遊べない子どもや、気に入らないことがあると、すぐに遊びをやめてしまう子どももいて、遊びが長く続かないことがあります。

仲よく遊べない

校庭で、ボール遊びや鬼ごっこをしている近くで、仲間に入れず、ひとりで遊んでいる子どもがいます。最初はみんなと遊んでいるのですが、自分勝手な行動をするので、すぐにけんかになり仲よく遊ぶことができません。

友だちの家ではトラブルが多い

子どもたちが好んでテレビゲームで遊ぶようになり、遊び場が外から家のなかになってきました。友だちの家にいったらその家のルールがあり、失礼なことがないようにしなければいけません。

しかし、そんなことはお構いなしに、暴れる、遅くまで遊んでいる、勝手に部屋にあるものにさわるなどということがあるようです。注意をしても聞いてもらえない、といった保護者からの相談をよく受けます。

友だち関係を結べないと人間関係をつくる能力が育たない

友だちと仲よく遊べない子どもは、友だち関係を結ぶことが苦手な子どもです。子どもは、友だちと遊ぶことを通して、人間関係の結び方を学んでいきます。友だちと遊べない子どもは、人間関係をつくる能力を育てる機会を失ってしまいます。

ルールを守らないと孤立する

みんなで決めた遊びのルールを守らない、自分勝手な行動をする子どもは、いつどんな子どもと遊んでも、同じことをくり返してしまいます。そして、そのうちだれからも誘われなくなってしまい、ひとりでいることが多くなります。

子育てのポイント

●楽しく遊ぶ体験をさせる

公園は、子どもたちにとっていちばんの遊び場所です。走ったり、砂で遊んだり、虫探しをしたり、といろいろな遊びができます。知恵をはたらかせれば遊びの世界はどんどん広がります。

7歳くらいまでは、子ども同士で仲よく遊ぶことはできません。そのあいだは、親が近くで遊ぶようすを見守り、仲間はずれやけんかが起きたときには、みんなで楽しく遊べるようにルールを考えさせたり、遊びを工夫させたりします。

●親子で友だちの輪を広げる

子どもたちが遊んでいるなかに親も参加すると、子どもを通して親同士の交流ができ、そこから大人にとっても友だちの輪がどんどん広がります。

親が誰とでも仲よくおつき合いができると、子どもはそれをまねして同じように仲よく遊べるようになります。

●友だちの家で遊ぶときのルールを教える

保護者の方からは「子どもの友だちが遊びにくると、家のなかの物を勝手にさわって困るのだが、どうしたらよいか」という相談をよく受けます。

本やゲームはもちろん、友だちの家にある物は、必ず家の人の了解を得てから借りたり、使ったりするのがルールです。

お互いの家で遊ぶときのルールやマナーについて話し、してよいことと悪いことについても、子どもたちに教えます。

あとがきにかえて

本書は「読者のみなさまへ」にも記したように、小学校の現場の先生方に、「就学時までに、子どもにどうしても身につけておいて欲しいと思うことは何ですか」と尋ね、得られた回答をもとに書かれたものです。

調査は２００２年の秋に、全国の小学校の先生を対象に自由記述方式で実施し、44名の先生から回答を得ました。それらを整理・分析した結果、２９４の項目に分けられましたが、そのなかでも、もっとも多くの先生方が指摘されていたのは、基本的生活習慣に関するものでした。

ではなぜ、基本的生活習慣に関する問題が、それほど多くの先生によって指摘されるほどまでに大切なのでしょうか。

●基本的生活習慣とは

この世に誕生した子どもが、幼児期に身につけておかなければ、将来社会人として社会生活を営んでいく上で、支障をきたすであろうと思われることに、基本的生活習慣の習得の問題があります。これは多くの習慣のなかでももっとも大切な習慣です。

基本的生活習慣とは、具体的には食事・睡眠・排泄・着脱衣・清潔の5つの習慣をいいます。どれもその国や民族が長い時間をかけて自然に培ってきたものであり、その国の文化です。

したがって、子どもが、基本的生活習慣を身につけるということは、自分の国の文化に適応することなのです。それは、アーノルド・ゲゼルのいう「文化適応」ということであり、それが「しつけ」でもあります。「文化適応」をすることで、子どもは社会人として自立していくわけで、その意味では、基本的生活習慣を身につけるということは、社会人になるための第一歩でもあるといえるのです。

●基本的生活習慣は社会の潤滑油

では、そのことをより具体的に考えるために、これら5つの習慣のうち、食事の習慣を例にあげてみましょう。

食事の習慣に関するしつけのポイントは、具体的にどのようなものがあるでしょうか？　私たち大人が普段子どもにいっていると思われることを思いつくままにあげてみることにします。

・茶碗や箸をきちんと持つ
・好き嫌いをしない
・食べ残しをしない
・大声を出して騒がない

・ひじをついて食べない
・汚い話をしない
・食前・食後のあいさつをする、などなど。

これらは、すべて食事をする際に守るべきマナーです。こうしてあげていくと、こんなにもたくさんのことを子どもに要求しているのかしらと思うほどあります。

では、食事をするのに、なぜこのようなマナーに則った行動をしなければならないのでしょうか。

そこで、ここに挙げたマナーうち、私たちが食事をしているとき、一つでも二つでも破られたらどう感じるか想像してみましょう。決して気分のよいものではないはずです。

要するに、食事のマナーは、楽しく食事をするために必要な決まりだということができます。別言すれば、一緒に食事をしている人に、不快な感じを与えないために、食事に関するいろいろな約束事がつくられているのです。

ロビンソン・クルーソーのように、完全にひとりで生活しているならば、自分勝手な食べ方でもよいでしょう。どんな食べ方をしても、不快に思う人がいないからです。

ところが、私たち人間は、ひとりで生きているのではありません。私たちは社会の一員として生きていることを忘れてはならないのです。ですから、社会生活を円滑におこなうための潤滑油としての決まりがたくさんあるのです。それをひとつずつ身につけていったとき、はじめて立派な社会人となることができるのです。

●社会的生活能力とは

本書で取り上げた項目は「社会的生活能力」に関するものといってもよいと思います。

牛島義友博士が、愛育研究所において、10歳以下の幼少年1113名を対象に、社会的成熟度を見る検査を実施し、標準化しています。博士はこれを「社会的生活能力検査」（1949年）と名づけ、発表しています。

173ページの表がそれですが、牛島博士は、その検査のなかで「社会的生活能力」として、次のような要素をあげています。

・基本的生活習慣の自立
・用具の使用力
・行動範囲の拡大
・社会活動への参加としての手伝い
・社会的遺産の獲得としての常識的知識

古い調査であり、現代の子どもにそのまま適用するにはいろいろ問題があると思われますので、実際の検査の仕方については省略します。しかし、ひとつの目安として見ることはできると思います。表をご覧になって、記載された内容を子どもができているかどうか、一度確認してみてはいかがでしょうか?

●社会的生活能力の成熟が学習の基礎に

さて、なかには、学習に関する面のみを問題にする保護者の方もいらっしゃいますが、表からも分かる通り、それは誤りといわなくてはなりません。本書で取り上げたような、基本的生活習慣や社会的生活能力が十分成熟していることがまず大切なのです。それが、学校での勉強の基礎になるのです。

谷田貝公昭

■社会的生活能力検査問題（牛島義友他）

年齢	番号	+(プラス) −(マイナス)	問　題
1	1		おさじの使用ができる
	2		自分でお茶わんから飲める
	3		排尿の予告をする
	4		キャラメルなどの包装紙を開く
	5		庭を歩く
2	6		おさじとお茶碗と両手に使用できる
	7		おむつを使わなくなる
	8		上衣が脱げる
	9		お箸の使用ができる
	10		完全にひとりで食事ができる
	11		手を洗う
3	12		上衣のボタンがかけられる
	13		くつがひとりではける
	14		排尿の自立
	15		顔を洗う
	16		新聞などとってくる
	17		鼻をかむ
	18		小さなけがでは泣かない
4	19		排便の自立
	20		自分の着物をきる
	21		魚の名３つ以上（30秒以内）
	22		長上の人にあいさつする
	23		はさみで形を切り抜く
	24		ひもが結べる
5	25		歯をみがく
	26		踏切をひとりで渡れる
	27		すごろくやカルタができる
	28		時々自分の寝具を片づける、あるいは掃除する
	29		4km歩ける
	30		厚紙が切れる
	31		小さいけがに自分で薬をつける
6	32		鉛筆が削れる
	33		行きなれた所なら1kmくらいの所へひとりで行ける
	34		時々炊事の片づけをする
	35		野菜の名６つ以上（30秒以内）
	36		草取りをする
	37		自分で爪を切る
	38		お客に行ったら行儀よくふるまう
	39		順序を守って乗り物に乗ったり対面交通を守る
7	40		小鳥の名４つ以上（30秒以内）
	41		マッチに点火できる
	42		友達をよぶのに○○チャンといわなくなる
	43		鋭利な小刀をもたせても安全
	44		ガスに点火できる、あるいは炭火を起こしたりまきをもやせる
	45		のこぎりが使える（男）
			お手玉遊びができる（女）
	46		自分でほうたいをする
	47		時々雨戸を開閉したり自分の室の掃除をする
	48		交叉点を信号どおりに渡れる
8	49		木の名７つ以上（30秒以内）
	50		竹細工ができる
	51		８km歩ける
	52		キャッチボールをする（男）
			布でふとんがつくれる（女）
	53		父親のことを甘えたいい方をしなくなる
	54		農事の手伝いをする
9	55		野菜の名９つ以上（スラスラと）
	56		二寸釘がうちこめる（男）
			のこぎりがひける（女）
	57		ひとりで乗り物を利用する
	58		しょうぎ、トランプなどをする
	59		敬語を適当に使える
10	60		毎日自分の寝具を片づける
	61		野球ができる（男）
			童話を読むことができる（女）
	62		魚の名10以上（スラスラと）
	63		手紙のやりとりをする
	64		少し離れた町までひとりで行く
	65		毎日決まった家業の手伝いをする

執筆者紹介（50音順）

青柳正彦（あおやぎ　まさひこ）

●朝霞市立朝霞第六小学校教頭

［メッセージ］３月ごろの１年生は、１年前に入学したばかりのころがうそのようにたくましく見えます。子どもは大人が心配するよりもずっと強く、新しい環境に適応していきます。あまり神経質にならずに失敗もしながら、子どもと一緒ににこやかに過ごしましょう。１年たてば意外とみんな笑い話です。

新井博（あらい　ひろし）

●吉川市立栄小学校校長

［メッセージ］小さなころに両親から厳しくしつけられたことは、その子どもの一生の宝として身につきます。そして、自分が親になったときには、子どもに対して自信を持って教えることができるのです。子どもは親を見て育ちます。読者のみなさんも、この本を通じて、子どもの手本になって欲しいと思います。

岸香緒利（きし　かおり）

●千代田区立昌平小学校教諭

［メッセージ］就学前に基本的なしつけをしておけば、子どもは、毎日快適な学校生活を送ることができます。忙しくても少しのあいだ頑張って、保護者の方が、手を添え、ことばをかけながら、お子さんを育てましょう。

高橋弥生（たかはし　やよい）

●目白大学人間学部子ども学科准教授

［メッセージ］よい習慣は、毎日の生活のなかでくり返すことで身につきます。焦らず根気よく取り組みましょう。大人はいつも子どものよきモデルとなり、一度身につけた習慣が崩れないように注意してください。

田所直子（たどころ　なおこ）

●神奈川県教育委員会教育局愛甲教育事務所指導課指導主事

［メッセージ］みなさんは、子どもにこんな大人になってもらいたい、こんなふうに育ってもらいたい、という願いをお持ちでしょうか。それをかなえるために、いま、子どもにしなければならないことは何か…。大人は「子どもの未来像」をしっかり持って子育てをしていきたいですね。

日吉理恵（ひよし　りえ）

●厚木市立南毛利小学校教諭

［メッセージ］この本を読んで「何とかしなければ」と思われたかもしれません。しかし、あわてたり、悩んだりしたままで、子どものしつけをしようとするのはキケンです。子どもたちの、「どうしてよいのか分からない」という現状をまず知っていただき、大切なわが子が小学校生活で困らないよう、つまずかないよう、笑顔とゆとりを持って、一つひとつ教えていくことが大切です。生を受けて数年の幼い子どもに、ていねいに教え伝えようという気持ちで子育てに取り組まれますことを、心から望んでいます。

藤野淳子（ふじの　あつこ）

●横須賀市立明浜小学校教諭

［メッセージ］子どもが集団生活での決まりごとを守れるように支援してください。そのことが、友だちとよい関係をつくったり、学習に集中したりするための基礎になるからです。毎朝、子どもの「いってきます」という元気な声が、家中にひびきますように。

室矢真弓（むろや　まゆみ）

●海老名市立中新田小学校教諭

［メッセージ］子どもを小学校へ入学させるときは、どの親にとっても、とても心配なものです。はじめてならなおさらです。でも心配はいりません。家庭でしっかりしつけられた子どもは、どんな困難にも負けずに、学校生活を楽しく送り、豊かな人間関係を築くことができます。家庭のしつけが教育の原点であることを忘れずに子育てをしていけば、子どもは立派に成長していくことでしょう。

■監修者
谷田貝公昭（やたがい　まさあき）
1943年、栃木県生まれ。目白大学大学院心理学研究科、同大学短期大学部子ども学科教授。子ども学科長、保育学、教育学専攻。社団法人全国子ども会連合会理事兼専門委員、日本青少年育成学会理事、玩具福祉学会副会長、財団法人日本教育科学研究所理事、財団法人こども教育支援財団評議員、社会福祉法人玉成会評議員、子どもの生活科学研究会代表ほか。

【おもな著書】
『保育原理』『教育基礎論』『幼児・児童心理学』『教師論』『道徳教育の研究』『教育心理学』（以上共編著、一藝社）、『図解子ども事典』（責任編集、一藝社）、『イラスト版①手のしごと』『イラスト版②体のしごと』『イラスト版③子どものマナー』『イラスト版⑪学習のこつ』『6歳までのしつけと子どもの自立』（以上監修、合同出版）ほか多数。

■執筆者（50音順）
青柳正彦（あおやぎ　まさひこ）●朝霞市立朝霞第六小学校教頭
新井博（あらい　ひろし）●吉川市立栄小学校校長
岸香緒利（きし　かおり）●千代田区立昌平小学校教諭
高橋弥生（たかはし　やよい）●目白大学人間学部子ども学科准教授
田所直子（たどころ　なおこ）●神奈川県教育委員会教育局愛甲教育事務所指導課指導主事
日吉理恵（ひよし　りえ）●厚木市立南毛利小学校教諭
藤野淳子（ふじの　あつこ）●横須賀市立明浜小学校教諭
室矢真弓（むろや　まゆみ）●海老名市立中新田小学校教諭

現役先生がすすめる
小学校生活でつまずかないしつけと自立

2004年4月15日　第1刷発行
2008年5月 1 日　第3刷発行

監修者　谷田貝公昭
発行者　上野良治
発行所　合同出版株式会社
〒101-0051　東京都千代田区神田神保町1-28
TEL　03-3294-3506
FAX　03-3294-3509
URL　http://www.godo-shuppan.co.jp/
振替　00180-9-65422

イラスト　タカダ カズヤ
カバーデザイン　佐藤 健十六月舎
編集デザイン　プロート
印刷・製本　(株)光陽メディア

　ISBN978-4-7726-0319-5　NDC599　210×148